HB Bild atlas

Liebe Leserinnen, liebe Leser!

Hunsrück, Naheland und Rheinhessen – als linksrheinisches Urlaubsgebiet hängen sie südlich der Mosel zusammen. Der Hunsrück ist eine waldreiche Mittelgebirgslandschaft: viel Natur, Fachwerk und Heimeligkeit. Das Nahetal hat Heilquellen, die Bad Kreuznach und Bad Münster am Stein zu Renommee verhalfen. Idar-Oberstein setzt auf edle Steine. Sein Angebot: Schmuck selber machen. Und es ist auch Weinland. In Rheinhessen wächst noch mehr Wein. Es ist Deutschlands größtes Weinanbaugebiet. Darüber gibt es keine Diskussion.

Gestritten wird unter den Rheinländern aber darüber, ob der Karneval in Köln oder die Fastnacht in Mainz das Hauptereignis des Jahres sei. Für die Mainzer eine Frage von gestern? Als expandierende Medienstadt schafft Mainz neue Akzente. Worms dagegen pflegt die Vergangenheit. Schließlich soll hier der sagenhafte Nibelungenschatz im Rhein versenkt worden sein. Ein Nibelungenmuseum wurde eigens eingerichtet und die Nibelungen-Festspiele beziehen den Dom als Kulisse ein.

Kultur oder Natur? Beides findet man in diesem Zipfel von Rheinland-Pfalz reichlich. Dazu jede Menge Wander- und Radwege, die auch Inline-Skater weidlich nutzen, und Anlagen für Nordic-Walking-Fans. Zudem Feste über Feste. Lebensgenuss ist Weinregionen eigen. Mit über 200 aktuellen Fotos und informativen Texten kann die vergnügliche (Wein-)Reise schon zu Hause beginnen. Viel Spaß dabei wünscht

Ihr HB-Bildatlas-Team

Mainz: Marktbrunnen beim Dom

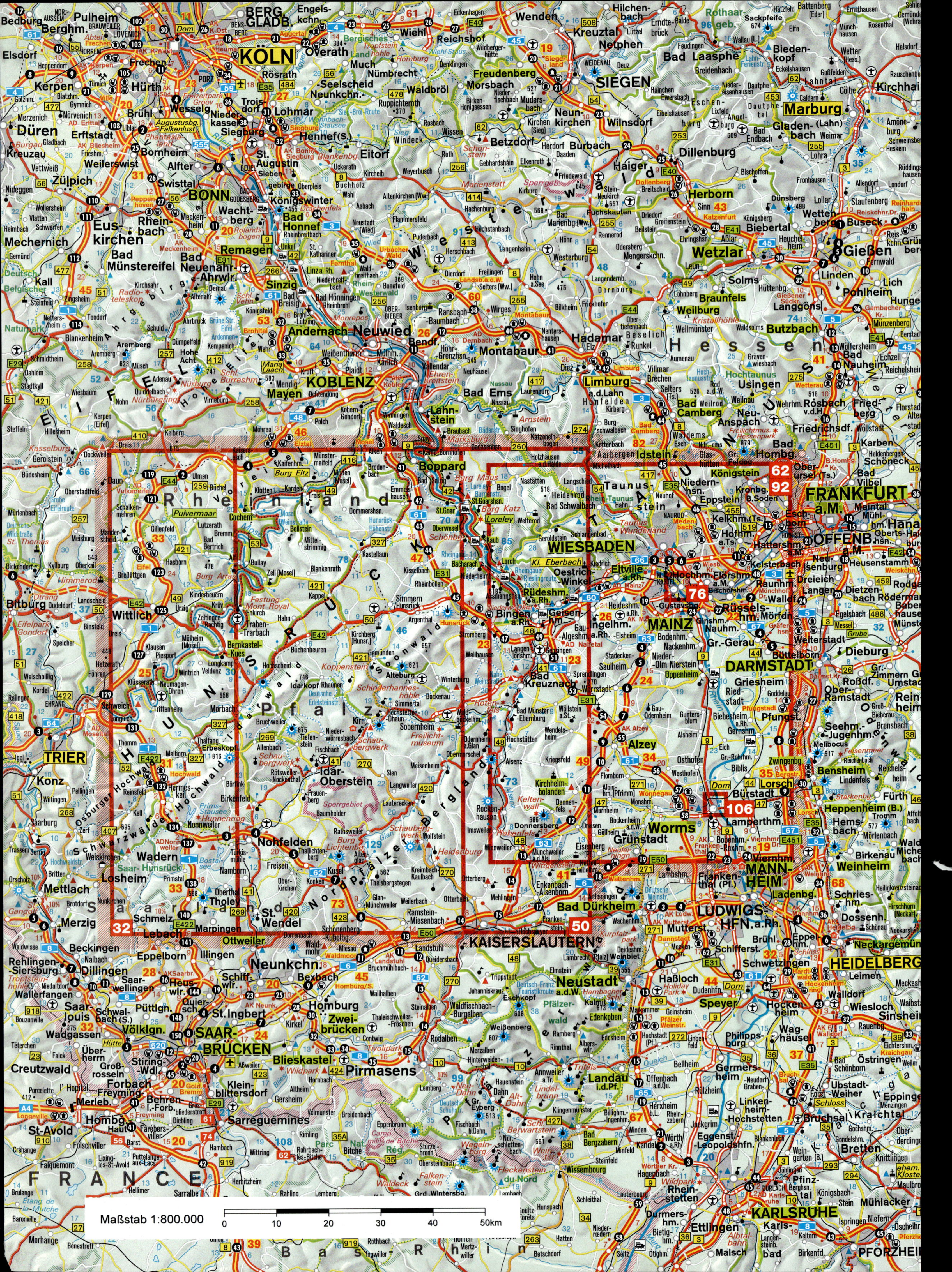

KÖLN
Bergheim
Kerpen
Düren
Hürth
Brühl
Erftstadt
Zülpich
Euskirchen
Bad Münstereifel
BONN
Siegburg
Königswinter
Bad Honnef
Remagen
Bad Neuenahr-Ahrweiler
Sinzig
Andernach
Neuwied
Mayen
KOBLENZ
Lahnstein
Bad Ems
Montabaur
Limburg a.d.Lahn
SIEGEN
Betzdorf
Dillenburg
Herborn
Wetzlar
Gießen
Marburg
Bad Laasphe
Hessen
Usingen
Bad Camberg
Idstein
Bad Homburg
Oberursel (Ts.)
FRANKFURT a.M.
OFFENBACH
WIESBADEN
Eltville a.Rh.
Rüdesheim a.Rh.
Bingen a.Rh.
MAINZ
Rüsselsheim
DARMSTADT
Dieburg
Alzey
Worms
Bensheim
Heppenheim (B.)
MANNHEIM
LUDWIGSHAFEN a.Rh.
Weinheim
HEIDELBERG
Speyer
Schwetzingen
Hockenheim
Neustadt a.d.W.
Landau i.d.Pf.
Bad Dürkheim
Grünstadt
KAISERSLAUTERN
Pirmasens
Zweibrücken
Homburg
Neunkirchen
SAARBRÜCKEN
Völklingen
Saarlouis
Merzig
Dillingen
Lebach
St. Wendel
Idar-Oberstein
Bad Kreuznach
Kirn
Simmern
Boppard
Cochem
Wittlich
Bernkastel-Kues
Traben-Trarbach
TRIER
Konz
Bitburg
Hunsrück
Pfalz
Eifel
Rheinland
Westerwald
Taunus
Saar
FRANCE
Sarreguemines
Forbach
Bruchsal
KARLSRUHE
Ettlingen
Rastatt
Pforzheim
Wissembourg
Bad Bergzabern
Maßstab 1:800.000
0 10 20 30 40 50km

Inhalt

Fachwerk in Meisenheim

Besuchen Sie uns im Internet:
www.hb-verlag.de

Wandern, Radfahren, Skaten

Sie sind der Renner, die Rad-Erlebnistage in Rheinland-Pfalz, wenn es einmal im Jahr für Radfahrer, Wanderer oder Inline-Skater heißt: Die Straße gehört uns. Land frei also für die Radler durch das Appelbachtal oder an der Nahe entlang oder von Tal zu Tal ab Stromberg. Besonders rasant geht es beim Hunsrückmarathon zu, auf dem Schinderhannes-Radweg zwischen Emmelshausen und Simmern.

...ich bin dabei

Von Weindorf zu Weindorf

Waldböckelheim zwischen Bad Sobernheim und Bad Münster am Stein ist ein typisches Weindorf an der mittleren Nahe, eingebettet zwischen Rebflächen und Wäldern mit einer Kirche in der Ortsmitte. Weingärten und Winzerhöfe, Straußwirtschaften und Gutsschenken lassen im Naheland wie in Rheinhessen keinen Zweifel daran: Hier dreht sich (fast) alles um den Rebensaft.

Kurmittelhaus

Kurorte, fit für Wellness

Die Zeiten der puren Gesundheitspflege sind auch im Naheland vorbei. Bad Kreuznach, Bad Münster am Stein (Foto: Altes Kurmittelhaus) und Bad Sobernheim setzen längst schon auf mehr. Wellness ist das Zauberwort, das auch in diesem rheinland-pfälzischen Bäderdreieck Einzug gehalten hat. Neue Bade- und Kureinrichtungen wurden geschaffen, um bei den zeitgemäßen Wohlfühl-Angeboten mitreden zu können.

Burgruinen als Bühnen

Sie gibt es zuhauf: Ruinen mittelalterlicher Festen. Die Oppenheimer Burgruine Landskron ist heute darunter nicht die Einzige, auf der das Publikum mit Theateraufführungen unterhalten wird. Gern gesehener Gast der Sommerfestspiele ist das Chawwerusch-Theater aus Herxheim bei Landau in der Südpfalz mit seinem anspruchsvollen Volkstheater.

Städte mit wohligem Maß

Wer auf dem Marktplatz von Mainz steht, blickt nicht auf historische Fassaden, sondern deren gelungenen Wiederaufbau nach dem Krieg. Er passt ins Bild einer durch und durch heimeligen Region, wo Traditionen gepflegt werden, menschliches Maß den Rhythmus bestimmt und dennoch die Zeit nicht stehen geblieben ist.

Rex
Kino-Center

Traditionell fröhlich

Das Fernsehen hat die Elemente der Mainzer Fastnacht bundesweit bekannt gemacht: den bunten Rosenmontagszug, die Fastnachtsvereine mit ihren stimmgewaltigen Chören, die Narren in der Bütt mit ihrem Witz. Jedes Jahr aufs Neue. Symbol des ›fröhlichen‹ Mainz ist der 1967 auf dem Schillerplatz aufgestellte neun Meter hohe Fastnachtsbrunnen.

Altehrwürdig – die Kulisse

Das Wormser Backfischfest ist das größte Wein- und Volksfest am Rhein. Und der Dom ist immer dabei. Wie in Mainz. Die Türme der altehrwürdigen Bischofskirchen dieser beiden Rheinstädte wachen seit Jahrhunderten unerschütterlich über Fastnacht und Johannisnacht, Wein-, Allerheiligen- und Weihnachtsmarkt.

Wo ›Heimat‹ ein Zuhause hat

Südlich der Mosel erstreckt sich der Hunsrück, eine relativ schmale Mittelgebirgslandschaft, die trotz aller Verkehrsanbindungen noch immer eine grüne Oase ist. Der Hunsrück ist gekennzeichnet durch große zusammenhängende Wälder, durch Wiesen, Felder und Dörfer, deren Bauern gegen ihren kargen Boden ankämpfen, und von Städtchen, die von mittelständischer Wirtschaft geprägt sind: für die Hunsrücker eine schmale Basis des Wirtschaftens, für den Gast eine Region heimeliger Gemütlichkeit.

Die Schmidtburg bei Schneppenbach wurde wie alle Hunsrück-Burgen ein Opfer französischer Zerstörungswut Ende des 17. Jahrhunderts.

▲ *Landschaft um Emmelshausen: weite Feldmark …*

▼ *… und tiefer Wald am Viadukt der Hunsrückbahn*

▼ *Erfrischung beim Hunsrückmarathon*

▲ Nahe Emmelshausen: Blick auf die Rheinschleife bei Boppard

▲ ... mal still und verträumt

▼ Ehrbachklamm: mal wild und schroff, ...

Für die Römer, deren Zeit im Hunsrück mit der Unterwerfung der keltischen Treverer etwa um 58 v. Chr. begann und rund 500 Jahre später mit dem Sieg der germanischen Franken endete, war das Mittelgebirge ein Durchmarschgebiet. An den Flüssen – Rhein, Mosel und Nahe – gründeten sie ihre großen Städte: Mainz, Koblenz, Trier, Bad Kreuznach.

SPECIAL

Der Name Hunsrück

Über die Herkunft des Namens Hunsrück wird noch immer gestritten. Aber ungeachtet der Hunnen, die in der Völkerwanderungszeit hier ihr Aufmarschgebiet hatten, ist die älteste und einfachste Erklärung die, dass der Name aus dem Vergleich der welligen Höhenzüge des Hunsrücks mit Hundesrücken stammt, so wie auch Katzenbuckel anderswo zu geografischen Bezeichnungen geführt haben. Schon Trithemius, Abt von Sponheim und berühmter mittelalterlicher Gelehrter aus Trittenheim an der Mosel, übersetzte mittelhochdeutsch ›hundesrucha‹ griechisch mit ›cynonatus‹, also ›Hunderücken‹. Seine Anhänger verweisen darauf, dass es allein in der Schweiz acht ›Hunsrück‹-Namen gibt – und zu den späteren Eidgenossen zogen die Hunnen nicht.

Auf den Spuren der Römer

Obwohl von den Römern kaum besiedelt, entstanden im Hunsrück wichtige Verkehrswege wie die Straße von Mainz/Bingen am Rhein nach Trier. Über weite Strecken verläuft die Hunsrückhöhenstraße, die B 327, genau auf diesem alten Römerweg, über den einst die Legionäre zu ihrer Provinzhauptstadt zogen. Auch wer auf dem Ausoniusweg von Bingen am Rhein zu Fuß zur Mosel will, folgt im Wesentlichen der Marschrichtung der alten Römerstraße von Bingen nach Trier. An einigen Stellen hat die Trasse sogar noch antike Breite: sechs Meter, so dass zwei römische Wagen einander begegnen konnten.

Aus römischer Zeit stammt auch der erste Bericht über eine Landreise von Moguntiacum (Mainz) zur Augusta Treverorum, der Augustusstadt der Treverer (Trier), niedergeschrieben von dem roma-

▲ Kastellaun: Die Burgruine ...

▼ Simmern: Café an der Stephanskirche

▼ ... ist auch Kulisse vom Wochenmarkt

▲ Kastellaun ▼ Rheinböllen: Alte Pfarre

▲ Simmern: Schinderhannesturm – Zentrum ▼

nisierten Südfranzosen Decius Magnus Ausonius in seiner ›Mosella‹:

›Waldeinsamkeit umfing mich / Verödet sind die Fluren / Und nirgends nah und fern / Vom Menschenwerk die Spuren.‹ Das ist über 1630 Jahre her. Der Hunsrück hat sich grundsätzlich gewandelt, was das ›Menschenwerk‹ betrifft. Die Stille der grünen Landschaften aber ist geblieben.

SPECIAL

Johannes Bückler

Idar- und Soonwald machte um 1800 eine Räuberbande unsicher. Die des Schinderhannes. Erst am 21. November 1803 wurde der 1778 wahrscheinlich als Sohn eines Abdeckers (Schinder) geborene Johannes Bückler mit vielen seiner Getreuen auf der Höhe von Weisenau in Mainz zur Guillotine geführt. Auch sein Vater war dabei, verurteilt wegen Unterstützung. Stolz rief er dem gaffenden Publikum zu: ›Ich bin sein Vadder, ich bin sein Vadder!‹ Im Film nach Carl Zuckmayers romantisierendem Schauspiel streckt Curd Jürgens als Schinderhannes trotzig sein Kinn vor, als er zum Schafott schreitet, und stimmt das Räuberlied vom Soonwald an, während Maria Schell als seine Geliebte Julchen, die ihm gerade ein Kind geboren hat, in der Zelle ihr Haupt verhüllt. Der Hinrichtung sollen mehr zugeschaut haben als Napoleons Einzug in Mainz, und das will etwas heißen: Denn zumindest links des Rheins war Napoleon kein Furcht erregender Tyrann, sondern ein beliebter Publikumsstar.

Dorado für Wanderer

Sie macht den Hunsrück zum Dorado für Wanderer zu Fuß oder per Rad – und das in allen seinen Teilen: im Hochwald im Westen mit dem Erbeskopf (818 m), dem höchsten Berg von ganz Rheinland-Pfalz, im Idarwald im Herzen des Mittelgebirges, einem etwa 30 Kilometer langen Quarzrücken, und im Soonwald im Nordosten, der aus drei parallelen Bergketten besteht. Allen vorgelagert ist die Hunsrückhochfläche, durchfurcht von engen Kerbtälern, die zur Mosel hinunterführen. Besonders wild und schroff ist der Weg durch die Ehrbachklamm bis ganz in die Nähe von Brodenbach.

▲ Ravengiersburg: ›Hunsrückdom‹ mit der Doppelturmfassade

▼ Stumm-Orgel in Sulzbachs Pfarrkirche

▲ Marktplatz von Kirchberg

▲ Buntes Straßenfest ...

▼ *... bis auf den Bahnhof in Büchenbeuren*

▲ *Einfach schmuck: Kirchbergs Heimathaus*

Powerfrau Gräfin Loretta

Zum bekannten Hunsrücker, und zwar als ›Jäger aus Kurpfalz‹, den eine alte Volksweise verherrlichte, wurde auch Friedrich Wilhelm Utsch (1732–1795). Der aus Rheinböllen stammende Jäger war Erbförster des Mainzer Kurfürsten und trat als Heger und Pfleger im Soonwald hervor. Der deutsche Kaiser Wilhelm II. weihte 1913 in seiner Eigenschaft als Allerhöchster Jagdherr bei Sobernheim einen Gedenkstein für den ›Jäger aus Kurpfalz‹ ein.

Als frühe Powerfrau des Hunsrücks gilt die Gräfin Loretta aus dem Geschlecht derer von Sponheim. Als der Trierer Kurfürst Balduin auf ihrem Einflussgebiet eine Trutzburg bauen ließ, nahm sie ihn 1328 auf einer Schifffahrt über die Mosel gefangen und ließ ihn erst nach über einem Monat und der Zahlung eines Lösegelds frei. Davon wurde später die Frauenburg an der Nahe errichtet, ihr Witwensitz.

SPECIAL

Orgeln von Stumm

Noch ein Name gehört zum Hunsrück. In dem kleinen Dorf Sulzbach wurde am 10. April 1683 Johannes Michael Stumm geboren. Er machte eine Lehre als Schmied. Während seiner Wanderjahre begegnete er dem berühmten Orgelbauer Andreas Silbermann, vermutlich in Straßburg. Das änderte sein Leben. Er machte eine zweite Lehre als Orgelbauer und konnte 1714 eine eigene Werkstatt einrichten. Seine Instrumente erlangten nach und nach einen überragenden Ruf in den rheinischen Landen, weit über den Hunsrück hinaus. Die Stumm-Werkstätten wurden in sieben Generationen fortgeführt. Über 350 Kirchenorgeln gingen aus ihnen hervor. Viele davon, auch in Hunsrücker Kirchen, gelten als musik- und kunsthistorische Glanzstücke. Seinem Heimatort Sulzbach schenkte Johannes Michael Stumm seine letzte Orgel. Ein Stumm-Orgelverein pflegt dort die Erinnerung an den großen Meister.

Attraktion Fachwerk

Außer den Burgen aus der mittelalterlich-dynastischen Zeit hat der Hunsrück kulturhistorisch kaum Großbauten hervorgebracht. Da gibt es zwar das Schloss Gemünden im Raum Kirchberg, eine

▲ *Altburg: rekonstruierte keltische Höhensiedlung bei Bundenbach*

▼ *Hahnenbach: Altes Rathaus am gleichnamigen Bach*

▲ *Ruine Schmidtburg bei Schneppenbach*

▼ *Rhaunen: Altes Rathaus*

▲ Über Gemünden thront das Barockschloss

▼ Weit schweift der Blick vom Idarkopf

▼ Bundenbach: Lebenszeugen der Vorzeit zeigt das Fossilienmuseum der Schiefergrube Herrenberg

barock umgestaltete Burganlage, und den so genannten Hunsrückdom. Grund für diese Bezeichnung der Kirche des einstigen Klosters Ravengiersburg ist die romanische Doppelturmfassade, deren Stil an den Domen von Trier und Verdun orientiert war. Bistumsmäßig gehörte Verdun bis in napoleonische Zeit zu Trier. Im 11. Jahrhundert von Augustinern gegründet, wurde das Kloster bis zum Ende des Mittelalters eine der größten Grundherrschaften im mittelrheinischen Raum.

Doch der architektonische Reichtum des Hunsrücks sind die Fachwerkidyllen seiner Städtchen. Die sind noch vielerorts erhalten geblieben oder sorgfältig restauriert worden. In Herrstein, einem Vorzeigeort, wurden über 60 Fachwerkbauten renoviert und herausgeputzt. Der Hunsrücker Fremdenverkehrsverband wirbt nicht zu Unrecht mit dem Slogan ›Heimat ist Hunsrück‹. Das ist fern vom Glanz des Großartigen, aber nahe bei gemütlicher Behaglichkeit (und spielt gleichzeitig auf die Filmserie ›Heimat‹ von Edgar Reitz an).

SPECIAL

Von Burgen zu Ruinen

Hunsrück, Naheland und Rheinhessen sind heute linksrheinische Teile des Bundeslandes Rheinland-Pfalz. Linksrheinisch, das heißt, sie waren jahrhundertelang ein Zankapfel zwischen Deutschland und Frankreich. Ende des 17. Jahrhunderts gab es die Reunionskriege Ludwigs XIV., die aufgrund dynastischer Ansprüche und mittelalterlicher Lehnsvorstellungen die territoriale Ausweitung Frankreichs nach Osten zum Ziele hatten. Leid und Zerstörung suchten auch Hunsrück und Naheland heim. Alle Burgen wurden in jener Zeit in Ruinen verwandelt. Zu den wenigen berühmten Ausnahmen zählt die Burg Eltz an der Mosel, weil sie als Wohnburg, nicht als Festung galt.

Bauernland

Dass der Hunsrück noch immer eine grüne Oase ist, liegt auch daran, dass die Industrialisierung des 19. und 20. Jahrhunderts an ihm vorbeigegangen ist und sich auf das benachbarte Kohle- und Stahlrevier des Saarlandes konzentrierte. Auch in der langen Friedens- und Aufbauzeit

▲ Herrstein: Der Uhrturm war im Mittelalter Stadttor

▲ Herrstein: Café in alter Gasse

▲ Wildenburg auf dem Wildenburger Kopf

▼ Mit dem Planwagen auf den Erbeskopf

▲ *Ein beeindruckendes Relikt aus der Keltenzeit ist der Hunnenring bei Otzenhausen*

▲ *Herrstein: Fachwerkensemble am Schlossweg*

▼ *Kinderfreundlich, der Keller See*

nach dem Zweiten Weltkrieg blieb der Hunsrück ›strukturschwach‹, also frei von der Industrialisierung.

Er wurde allerdings Stationierungsort für die Truppen der Alliierten – Raketenstartplätze eingeschlossen. Doch das ist Vergangenheit. ›Konversion‹, die Umnutzung von militärischem Gelände und Einrichtungen für eine zivile Verwendung, ist auch hier in vollem Gange – mit allen Möglichkeiten, aber auch Problemen. Die ganz großen Flughäfen der Amerikaner lagen zwar in der Eifel, aber bei Kirchberg wuchs aus den dortigen militärischen Fundamenten der Flugplatz Hahn – und das stetig und schnell. Stein des Anstoßes für Naturfreunde, Grund zur Hoffnung für alle Verfechter von Arbeitsplatzbeschaffung.

Naturpark Saar-Hunsrück

Heute sind etwa 50 Prozent der Naturparkfläche mit Wäldern bedeckt. Den größten Anteil nimmt die Hunsrückfläche mit Fichten, aber auch laubholzreichen Wäldern ein. Sie geben dem heimischen Wild Lebensraum: dem Rehwild, Wildschweinen, Hasen und Füchsen. Reh-, Schwarz- und Rotwild kommen noch zahlreich vor, nahezu flächendeckend die Wildkatze. In kleineren Teilräumen findet man das Muffelwild. Feuchtwiesen im östlichen Hunsrück bieten raren Pflanzenarten vermehrte Überlebenschancen. 1980 wurde der Naturpark Saar-Hunsrück geschaffen, um Natur und Landschaft zu schützen. Er ist fast 2000 Quadratkilometer groß und umfasst den südwestlichen Teil des Hunsrücks, das Saar-Nahe-Bergland, das Pfälzisch-Saarländische Muschelkalkgebiet, das Moseltal und das Gutland; somit liegt er zu einer Hälfte in Rheinland-Pfalz, zur anderen im Saarland.

Touristenattraktion inmitten des Naturparks ist der Ferienpark in Kell am See mit seinen zeltartigen Häuschen. Der Ort hieß früher offiziell nur Kell. Aber der 14 Hektar große Stausee hat sich derart zum Motor des Fremdenverkehrs entwickelt, dass er in den Ortsnamen aufgenommen wurde. Besonders Familien mit Kindern zieht es an das ziemlich flache Wasser. Für die Kleinen ist hier zum Beispiel Reitunterricht attraktiv – und für alle gibt es selbstverständlich Wassersportmöglichkeiten.

Daun
Ulmen
Boppard
Cochem
Karden
Treis
Moselkern
Kastellaun
Beilstein
Zell (Mosel)
Manderscheid
Wittlich
Traben-Trarbach
Bernkastel-Kues
Kröv
Simmern/Hunsrück
Kirchberg (Hunsrück)
Piesport
Neumagen-Dhron
Morbach
Kirn
Bad Sobernheim
Idar-Oberstein
Hermeskeil
Birkenfeld
Baumholder
Nonnweiler
Nohfelden
Wadern
Weiskirchen
Tholey
Oberthal
Namborn
Freisen
Kusel
Sankt Wendel
Schmelz
Marpingen
Meisenheim
Lauterecken
Wolfstein
Altenglan
Miesenbach
Ramstein-
Weilerbach
Emmelshausen
Deutsche Wildstraße
Moselweinstraße
Hunsrück-Höhenstraße
Deutsche Alleenstraße
Deutsche Edelsteinstraße
Naheweinstraße
Schwarzwälder Hochwald
Idarwald

Infos

1689 von den Franzosen zerstört: Kastellauns Burg der Grafen von Sponheim

Emmelshausen ①

Der kleine Ort im Nordosten des Hunsrücks liegt schon nahe am Rhein. Am Bahnhof endet die von Boppard kommende Hunsrückbahn.

Sehenswert: Das **Agrarhistorische Museum** in alter Hofanlage (17. Jh.) mit einer vollständigen landwirtschaftlichen Gerätesammlung (Rhein-Mosel-Str. 9; Mai–Sept. und nach Vereinbarung; nähere Infos beim ZAP).

Aktivitäten: Hinter Emmelshausen wurden die Gleise entfernt und die Trasse zum Schinderhannes-Radweg über Kastellaun bis Simmern (38 km) ausgebaut. Hallenbad.

Umgebung: Am Radwanderweg liegen **Leiningen** (3 km südöstl.) mit einer romanischen Kirche und **Pfalzfeld** (6 km südöstl.) mit der schlichten Dorfkirche aus dem Barock. An der Straße nach Brodenbach **Mermuth** mit Intarsienmuseum (Tannenweg 15; tgl. 10.00 bis 18.00 Uhr) und **Morshausen** mit dem Jakob-Kneip-Museum. Als ›katholischer‹ Autor setzte sich der Schriftsteller (1881 bis 1958) mit Fragen seiner Zeit auseinander (Kornstr. 6, Tel. 026 05/18 65; geöffn. nach Vereinbarung). Ein Kuriosum ist 11 km südl. das Nachttopfmuseum mit 410 Exemplaren in **Laudert** (Tel. 067 46/8930; geöffn. nach Vereinbarung).

TOP ZIEL **Ehrbachklamm:** Nordwestl. des Ortes führt die Klamm zur Ruine Ehrenburg bei Brodenbach an der Mosel.

Veranstaltung: Weinmarkt Rhein-Mosel-Nahe im Park (Ende Aug.).

ⓘ Tourist-Information, Zentrum am Park (ZAP), Rhein-Mosel-Str. 45, 56281 Emmelshausen, Tel. 067 47/93 220, Fax 067 47/93 22 22, www.emmelshausen.de

Kastellaun ②

Eine Burg der Grafen von Sponheim krönt den Ort an der Hunsrückhöhenstraße B 327.

Sehenswert: Die freigelegten und restaurierten Reste der **Burg** auf dem Burgberg; die Figurengruppe ›Kastellauner Böcke‹ am **Rathaus** (Glockenspiel); das **Castellauner Spielzeug- und Stadtmuseum** (Marktstr. 4; Do.–So., Feiertag 11.00–14.00 Uhr u. nach Vereinb., Tel. 067 62/96 03 96).

Aktivitäten: Hallenbad ›Aquafit‹; Wandern im Baybach- und Wonrother Tal; Radfahren.

Veranstaltung: Freilichttheater in der Burgruine (Juni–Aug.).

Umgebung: In der Nähe westlich liegen die tausendjährige Eiche in **Buch**, die **Burg Balduinseck** (1325–1330) und der Freizeitpark in **Bell** mit Tierpark, Märchenhäusern, großem Spielplatz samt Trampolinen sowie Fahrgeschäften (April–Okt. tgl. 9.00–19.00 Uhr). In **Dommershausen** (10 km nördl.) im Alten Pfarrhaus (1838) heute das Vorderhunsrückmuseum mit Pies-Archiv u. Bibliothek zur Personen- und Ortsgeschichte von rund 1400 Orten des Rhein-Mosel-Nahe-Saargebiets; 34 Wappenfenster der Glaskünstlerin Elisabeth Neumann-Wagner. Dazu Dauerausstellung über Wunderärzte und ›Knochenflicker‹ der Familie Pies sowie medizinische Instrumente aus zwei Jahrtausenden (An der Kirche 1; Sa. und 1. So. im Monat 15.00–18.00 Uhr, Dez.–Jan. geschl.).

ⓘ Tourist-Info Region Kastellaun, Kirchstr. 1, 56288 Kastellaun, Tel. 067 62/40 320, Fax 067 62/40 18 72, www.kastellaun.de

Rheinböllen ③

Direkt an der A 61 liegt die Region Rheinböllen. Sie empfiehlt sich allein durch ihre 39 Rundwanderwege durch Wald und Feld.

Sehenswert: Das **Alte Pfarrhaus** (1730–1733) und Bauten wie die **Kapelle** (1887/88) aus der Stiftung der Puncellis; die **Rheinböllerhütte** im Guldenbachtal, eine seit 1598 bezeugte Eisengießerei. Der **Hochwildschutzpark Hunsrück** auf fast 100 ha Fläche (tgl. 9.00–19.00 Uhr; Kassenschluss 18.00 Uhr) bietet auch fachkundige Führungen nach Voranm. an (www. hochwildschutzpark.de).

Aktivitäten: Attraktion ist das Freizeitbad.

Umgebung: Auf den **Schanzerkopf** (627 m), südlich gelegen, zieht es auch Wintersportler.

Veranstaltung: Großer Krammarkt (Juni).

ⓘ Verkehrsamt, Am Markt 1, 55494 Rheinböllen, Tel. 067 64/39 51, Fax 067 64/39 58, www.rheinboellen.de

Simmern ④

Die Residenzstadt des ehemaligen Fürstentums Simmern, ab 1801 Teil des französischen Departements Rhin et Moselle, nach der Niederlage Napoleons seit 1815 preußisch, ist Ausgangsort für Ausflüge in den Soonwald.

Sehenswert: Ehem. Schlosskirche **St. Stephan** (um 1500) mit den Renaissance-Gräbern der Herzöge von Pfalz-Simmern und das **Hunsrück-Museum** im Neuen Schloss (1708 bis 1713), wo neben der Geologie, Natur- und Kulturlandschaft des Hunsrücks auch Hut und Pass des Schinderhannes vorgestellt werden (Schlossplatz; Di.–Fr. 15.00–17.00, Sa., So. 14.00–17.00 Uhr). Im **Schinderhannesturm**, dem letzten Rest der Stadtbefestigung aus dem 14. Jh., ist die Ausstellung ›Realität und Mythos des Schinderhannes‹ zu sehen (Turmgasse; Di.–Fr. 11.00–13.00, Sa. 14.00 bis 17.00, So. 12.00–17.00 Uhr).

Aktivitäten: Freizeitbad; Naturfreibad; Schinderhannes-Radweg (siehe Emmelshausen).

Veranstaltung: ›Simmertime‹, Schlager und Volksmusik, am Schloss (Mitte Aug.).

Umgebung: Bei **Sargenroth** (5 km südl.) die so genannte Nunkirche (12. Jh.), bis zur Reformation Wallfahrtsziel, jetzt evangelische Pfarrkirche; im Altarraum Malereien aus dem 13. Jh. In **Neuerkirch** (4 km nördl.) zeigt das Kulturhistorische Museum eine Hofan-

SPECIAL

Dem Hunsrückschiefer auf der Spur

100 km ist sie lang, die Hunsrück Schiefer- und Burgenstraße. Ihr von Burgruinen gesäumter Kurs führt über Simmertal, Kirn, Hahnenbach, Bundenbach, Gemünden, Rhaunen und Schauren, wo die Deutsche Edelsteinstraße anschließt. Rund 400 Mio. Jahre alt sind die Formationen des Hunsrückschiefers, der – seit dem frühen Mittelalter über und unter Tage abgebaut – die Architektur der Region geprägt hat. Die Schiefergrube Herrenberg in Bundenbach ist heute ein Besucherbergwerk (April–Okt.). Ihr Fossilienmuseum gibt, wie der Geologische Lehrpfad in Gemünden, Einblick in die Erdgeschichte.

Maßstab 1:300 000 (0 – 2,5 – 5 – 7,5 – 10 – 12,5 – 15 km)

TIPP

Flughafen Frankfurt-Hahn auf Expansionskurs

Der Hahn Airport, bis 1993 einer der größten US-Waffenstützpunkte Europas, ist mittlerweile zum elftgrößten Verkehrsflughafen in Deutschland angewachsen, als Frachtumschlagsflughafen belegt er hier Rang vier. Ein Terminal auf 13 500 m^2 Gesamtfläche kann jährlich bis zu 6 Millionen Passagiere fassen. Um diesen Andrang zu bewältigen, braucht es neben diversen Check-in-Countern und elf Abfluggates auch Geschäfte, Banken, Hotels und Restaurants. Alles vor Ort, und Platz für den Wagen findet sich sicher auf einem der ca. 9 700 Parkplätze.
So kann man sich als Urlauber oder als Geschäftsreisender binnen weniger Stunden aus dem waldreichen Hunsrück an attraktive europäische Ziele fliegen lassen, zum Beispiel nach Skandinavien, Spanien, Italien oder in die Türkei. www.hahn-airport.de

lage mit Wohnhaus und Scheune samt Interieur des ausgehenden 19. Jh.s (April–Okt. So. 14.00–17.00 Uhr).

ⓘ Tourist-Information, Brühlstr. 2, 55469 Simmern, Tel. 06761/837106, Fax 06761/837120, www.simmern.de

Ravengiersburg ⑤

Ravengiersburg gehört zur Verbandsgemeinde Simmern.

Sehenswert: Vor allem der **›Hunsrückdom‹**, das kirchliche Relikt eines alten Chorherrenstiftes. Das Augustiner-Kloster entwickelte sich seit dem Ende des 11. Jh.s zu einer der größten Grundherrschaften im mittelrheinischen Raum. 1803 wurde es säkularisiert. Die romanische Doppelturmfassade der Kirche führte zu dem Namen ›Hunsrückdom‹, der architektonisch an den Domen von Trier und Verdun orientiert ist.

ⓘ siehe Simmern

Kirchberg ⑥

Kirchberg ist nicht nur die älteste Stadt des Hunsrücks, es gilt auch als eines seiner schönsten Fachwerkstädtchen. Die Geschichte des Orts reicht bis in die Römerzeit zurück.

Sehenswert: Der Marktplatz mit dem **Rathaus** (16.–18. Jh.) und der **Pfarrkirche St.**

Ravengiersburg: Fassade vom ›Hunsrückdom‹

Michael, einer spätgotischen Hallenkirche, sowie der **Wasserturm** (um 1900). Im **Heimathaus**, einem schmucken Fachwerkbau, alte Fotos und Dokumente zur Geschichte und Kultur der Stadt, deren Stadtrecht von 1259 datiert (Eifelgasse/Ecke Schülergasse; Di. 18.30–20.30 Uhr, Tel. 06763/2514).

Aktivitäten: Hallen- und Freibad; große Kletterwand mit 60 Routen und einer Kletterfläche von 550 m^2; Golf (9 Loch): Flughafengelände **Hahn** (15 km westl.; Golf-Club Hahn e. V., Tel. 06543/509560).

Umgebung: Schöne spätgotische Kirchen besitzen **Metzenhausen** (4 km nordwestl.) und **Hahn** (13 km westl.). Monumentaler Bau des Klassizismus ist die Pfarrkirche (1838–1840) von **Büchenbeuren** (10 km südwestl.).

Veranstaltung: Michaelis-Markt (Anf. Okt.).

ⓘ Tourist-Information, Marktplatz 5, 55481 Kirchberg, Tel. 06763/910144, Fax 06763/910149, www.kirchberg-hunsrueck.de

Gemünden ⑦

Gemünden im Tal des Simmerbachs wird ›Perle des Hunsrücks‹ genannt.

Sehenswert: Über **Fachwerkhäusern** aus dem 17. und 18. Jh. erhebt sich ein von vier Rundtürmen eingefasstes **Barockschloss**. Sein Kern ist eine zerstörte mittelalterliche Burg, die schlossartig wieder aufgebaut wurde. Der **Geologische Lehrpfad** (4 km) führt zu 35 verschiedenen Gesteinsarten. Das **Fossilien-Center** zeigt versteinerte Pflanzen und Edelsteine aus aller Welt (Simmertalstr. 2; tgl. 9.00–12.00 Uhr).

Umgebung: Schöne Aussicht vom Bergfried der **Burgruine Koppenstein** auf einer südlichen Soonwaldhöhe.

ⓘ Verkehrsverein, 55490 Gemünden, Tel. 06765/9190, www.gemuenden.de

Rhaunen ⑧

Hier im Mittelpunkt der Hunsrück Schiefer- und Burgenstraße ballen sich Burgen, Bergwerke und Schürfplätze.

Sehenswert: Ein verschieferter Fachwerkbau, dessen Obergeschoss auf vier eichenen Rundpfeilern ruht, ist das **Alte Rathaus** (1723). Die **Pfarrkirche** (13.–15. Jh.) birgt die älteste erhaltene Orgel (1723) der Stumm-Werkstatt.

Umgebung: In **Laufersweiler** (5 km nordwestl.) blieb die 1910 im Historismus erbaute Synagoge erhalten. Sie ist heute Gedenkstätte mit einer Ausstellung zur jüdischen Geschichte der Region (Kirchgasse 6; geöffn. n. Vereinbg., Infos: Förderkreis der Synagoge Laufersweiler e. V. in Simmern). Südwärts die Kirchenruine **Hellkirch**, die **Altburg**, eine rekonstruierte keltische Höhensiedlung (April–Okt. tgl. 10.00–17.00 Uhr), und die Ruine **Schmidtburg**. Einblick in den historischen Schieferabbau gibt die Schiefergrube Herrenberg mit Fossilienmuseum (April bis Okt. tgl. 10.00–17.00 Uhr) in **Bundenbach** (5 km südl.). Mit der Grube verbunden ist ein Therapiestollen zur Behandlung von Atemwegserkrankungen. In **Sulzbach** (4 km südl.) besitzt die Pfarrkirche die letzte Stumm-Orgel (1746). Von **Stipshausen** (4,5 km südwestl.) Wandermöglichkeit zum **Idarkopf** (746 m) mit Aussichtsturm und alpinem Wintersportzentrum (in kalten Wintern).

ⓘ Verbandsgemeindeverwaltung, Zum Idar 21 und 23, 55624 Rhaunen, Tel. 06544/1810, Fax 06544/18121, www.vg-rhaunen.de

Herrstein ⑨

Dank seines historischen Kerns trägt der Ort den Beinamen ›mittelalterliche Stadt‹.

Sehenswert: Rund 60 **Fachwerkbauten** wurden restauriert, besonders malerisch in der Schloss-, Pfarr- und Uhrturmgasse, deren **Uhrturm** (12./13. Jh.) bis zum 18. Jh. der einzige Zugang zur Stadt war. Von der Burg der Grafen von Sponheim sind zwei Ecktürme erhalten; im **Schinderhannesturm** saß der gleichnamige Räuber 1798 ein. Das **Heimatmuseum** widmet sich unter anderem der Schiefergewinnung (Am Uhrturm; Mai–Okt. So. 14.00–17.00 Uhr).

Veranstaltungen: Kunsthandwerker- und Bauernmarkt (2. Sept.-Wochenende); Martinimarkt (1. Nov.-Wochenende); Karl-May-Festspiele (Juni) in **Mörschied** (3 km nordwestl.).

ⓘ Tourist-Information, Brühlstr. 16, 55756 Herrstein, Tel. 06785/79103, Fax 06785/79120, www.deutsche-edelsteinstrasse.de

Infos

Einblick in die Flugausstellung von Hermeskeil

Morbach 10

Der Ort an der Hunsrückhöhenstraße ist stolz auf sein Kulturerbe und hat sich zu einem regionalen Museumszentrum entwickelt.

Sehenswert: Die langjährigen Ausgrabungen der keltisch-römischen Mittelpunktsiedlung haben bedeutende Zeugnisse zur Lebensweise der Bevölkerung vom 4. Jh. v. Chr. bis 4. Jh. n. Chr. ans Licht befördert. Sie werden im **Archäologiepark Belginum** in Morbach-Wederath präsentiert (Keltenstr. 2, Tel. 06533/957630; März–Mai, Okt. 10.00 bis 17.00, Juni–Sept. 10.00–18.00 Uhr, Nov. bis Mitte Dez. am Wochenende; Mo. geschl.). Vom Fraunhofer-Institut unterstützt wird das **Holzmuseum**, mit Werkstatt und Wechselausstellungen u. a.; sein Holzspielzeug interessiert schon Kinder ab 3 Jahren (Weiperath 79, Tel. 06533/959750; Di.–Sa. 14.00 bis 17.00, So., Fei. 10.30–17.00 Uhr, Nov. bis März am Wochenende; Jan. geschl.)

TIPP

Morbachs Telefonmuseum: Spaß am Kommunizieren

Das Guinnessbuch der Rekorde bestätigte 1994 dem Deutschen Telefonmuseum in Morbach: Seine über 1200 Exponate der Fernsprech-, Telegrafen- und Vermittlungstechnik, die von der Deutschen Reichspost, der Deutschen Bundespost und der Deutschen Telekom eingesetzt wurden bzw. werden, sind die umfangreichste Sammlung ihrer Art. Viele dieser Ausstellungsstücke von den Anfängen des Telefons bis ins ISDN-Zeitalter sind funktionsfähig an Vermittlungseinrichtungen der jeweiligen Epochen angeschlossen. Jugendherbergstr. 25, Tel. 06533/958626, Di.–Sa. 10.00–18.00, So., Fei. 11.00–18.00 Uhr, Nov. bis Mitte Dez., Febr. am Wochenende geöffn., 15.12.–Ende Jan. geschl.

Aktivitäten: Freizeitbad.

Veranstaltung: St.-Anna-Kirmes (Ende Juli).

Umgebung: Morbach befindet sich am Nordrand des **Naturparks Saar-Hunsrück**, einer Oase für Wanderer und Naturfreunde. Oberhalb liegt der Erholungswald **Ortelsbruch.** Interessant die Ruine **Wildenburg** auf dem Wildenburger Kopf (674 m). Der **Erbeskopf** (818 m) ca. 15 km südl. ist der höchste Berg von ganz Rheinland-Pfalz. Die Wintersport-, Natur- und Umweltbildungsstätte Hunsrückhaus bietet ein umfangreiches Programm (Vorträge, Führungen, Lehrwanderungen, Tel. 06504/778; Di.–So. 10.00–17.00 Uhr).

ⓘ Tourist-Information, Unterer Markt 1, 54497 Morbach, Tel. 06533/71117, Fax 06533/3003, www.morbach.de

Hermeskeil 11

Mitten im Naturpark Saar-Hunsrück gelegen, ist die Stadt an der Hunsrückhöhenstraße beliebtes Einkaufszentrum; Wochenmarkt (Di. u. Do.).

Sehenswert: Ein abwechslungsreiches, informatives Museum ist das **Hochwaldmuseum** (Mo.–Fr. 10.00–12.00 u. 14.00–17.00, Sa. 10.00–12.00, So. 14.00–17.00 Uhr). Kultur und Natur lässt sich mit allen Sinnen im **Informationszentrum** Naturpark Saar-Hunsrück erleben (April–31.10. Di.–So. 14.00 bis 17.00 Uhr) (beide für Schulklassen u. Gruppen auch nach Vereinb.). Das **Feuerwehrmuseum ›Feuerpatsche‹** am ehem. Bahnhof bietet Seltenes, so die Feuerlöschkutsche der Hermeskeiler Feuerwehr von 1889 oder eines der wenigen noch existierenden Exemplare des Magirus Tankwagen TLF 15/48 (1950) (April bis Okt. So. 10.00–12.00 Uhr u. nach Vereinb.). Das **Dampflokmuseum** verfügt über Ringlokschuppen, Stellwerk, Drehscheibe, vor allem aber über 50 Lokomotiven (Öffnungszeiten auf Anfrage bei der TI).

Aktivitäten: Frei- und Hallenbad; Mountainbiking; Ruwer-Hochwald-Radweg (ca. 48 km); Reiten; Planwagenfahrten; Wintersport (Abfahrts- und Langlauf, Rodeln); Rundwander- (12 km) und Planetenweg (5,9 km) an der **Primstalsperre** (6 km südöstl.).

Veranstaltungen: Pfingst-, Bauern-, Kram-, Martinus-, Nikolaus- und Weihnachtsmarkt; Stadtwoche (2.–3. Juli-Wochenende); Kulturherbst (Mitte Sept.–Anfang Okt.); Erntedankteppiche und -altäre (Okt.) in St. Remigius, Reinsfeld (ca. 6 km nordwestl.).

Umgebung: **Burg Grimburg** (10 km südwestl.), 1190 errichtet, 1978 zum Teil wieder aufgebaut. **Züscher Hammer,** wieder aufgebaute Eisenschmelze mit Hammerwerk (7 km östl.). Hunnenring bei **Otzenhausen** (9 km südöstl.), mächtiger keltischer Ringwall (noch heute bis 10 m hoch). Gedenkstätte SS-Sonderlage/KZ **Hinzert** (11 km nördl.). **Nagelschmiede** in Gusenburg (6 km südl.).

ⓘ Tourist-Information (im Hochwaldmuseum), Trierer Straße 49, 54411 Hermeskeil, Tel. 06503/95350, Fax 06503/953521, www.hermeskeil.de, info@hermeskeil.de

TIPP

Flugausstellung in Hermeskeil-Abtei

Diese Flugausstellung ist die größte private Flugzeugsammlung Westeuropas. Auf der Freifläche und in den Hallen sind über hundert Originalflugzeuge zu sehen, vom Lilienthal-Gleiter bis zum Düsenjet, von der JU 52 bis zur Phantom und MIG 23 – dazu zahlreiche Motoren, Strahltriebwerke und viele technische Details. Und auch die Super-Constellation, mit der Konrad Adenauer 1955 nach Moskau flog, ist hier, mitten im Hunsrück, zu besichtigen (April–Okt. tgl. 9.00–18.00 Uhr).

Kell am See 12

Der Fremdenverkehrsort an der Hunsrückhöhenstraße mit seinem Ferienpark direkt am See liegt mitten im Naturpark Saar-Hunsrück.

Sehenswert: Im **Heimatmuseum** im Bürgerhaus Zerf bäuerliche Kultur und handwerkliche Tradition (Mai–Sept. So. 14.00–16.00 Uhr und nach Vereinbarung). Ganzjährig ist die historische Krippenaussellung in der **Kirche** des Orts (Öffnungszeiten nach Vereinbarung über Tourist-Information).

Aktivitäten: Freibad ›Hochwald‹; Wassersport; Reiten; Mountainbiking; Wandern; Barfußpfad Schillingen; Waldlehrpfad Zerf.

Veranstaltung: Hochwälder Kartoffeltage (Anfang Okt.).

ⓘ Tourist-Information, Alte Mühle, 54427 Kell am See, Tel. 06589/1044, Fax 06589/1002, www.hochwald-ferienland.de

Kinderreitschule in Kell am See

Radio

Wein und Wellness, ganz nahe

Schmuckkäufer kennen Idar-Oberstein als Edelsteinstadt und Kurgäste die Heilmöglichkeiten von Bad Kreuznach, Bad Sobernheim und Bad Münster am Stein. Aber insgesamt sind das Naheland und seine Angebote vielen noch unbekannt, angefangen von der Schönheit seiner Natur, wie sie vor allem Radwanderer im Nahetal erleben. Der Radweg erstreckt sich von der Quelle bis zur Mündung, hat ›Ausläufer‹ in den Hunsrück hinein und gilt unter Kennern als Geheimtipp.

›Ballonglühen‹ auf den Nahewiesen: Einmal im Jahr kämpfen die Ballonfahrer in Norheim bei Bad Münster am Stein um den Naheweincup.

▲ Idar-Oberstein: bei der Felsenkirche, ...

▼ ... am ›Edelstein-Bach‹

▲ Hochaltar der Felsenkirche

▼ Verstecktes altes Nahe-Fährhaus

▲ Über Idar-Oberstein wachen zwei Burgen. Von Burg Bosselstein steht noch der Bergfried

▲ Auf Schloss Oberstein ...

▼ ... finden im Sommer die Theatertage statt

An den südlichen Ausläufern des Hunsrücks schlängelt sich zum Rhein hin die Nahe entlang. Sie entspringt im Naturpark Saar-Hunsrück in der Nähe des Bostalsees zwischen Nonnweiler und Nohfelden. Rund 120 Kilometer legt sie bis zur Mündung bei Bingen zurück. Die beiden rund 30 Kilometer breiten Streifen Landes an ihren Ufern vereinigen sich zur Region Naheland, die landschaftlich naturgemäß mit dem Hunsrück verschwistert ist, mit seinen Hügeln, Wäldern und Bergen, die aber dennoch ganz eigene Besonderheiten aufweist. Die Stichworte dafür heißen Heilquellen und Weinanbau, Mineralien und Edelsteine.

Bergauf in Idar-Oberstein

Das lang gestreckte Idar-Oberstein mit seinen zwei Durchgangsstraßen gleicht einem großen, verkehrsgünstigen Straßendorf mit außergewöhnlichem Blickfang: In einer steilen Felswand wurde um eine durch Quellwasser gebildete Nische 60 Meter über dem Erdboden ein Gotteshaus errichtet, die Felsenkirche. Die rieselnde Quelle ist heute noch in ihr zu bestaunen. Anlass für den ersten Bau der Kapelle im 12. Jahrhundert – so geht die Sage – soll Sühne für einen Brudermord des Ritters vom Oberen Stein gewesen sein. Die jetzige Kirche entstand von 1482 bis 1484 in schlichten gotischen Formen, wurde nach Zerstörung durch herabfallendes Gestein 1742 wieder hergestellt und von 1927 bis 1929 durchgreifend erneuert.

Vom Marktplatz führen 230 Treppenstufen zu dem Kirchlein hinauf. Ein Weg, der sich lohnt. Denn im Innern befinden sich unter anderem ein naturgewachsenes Achatkreuz und der wertvolle Altar eines Meisters der Mainzer Schule aus dem 15. Jahrhundert. Steigt man noch weiter hinauf, kommt man zu Burg Bosselstein und Schloss Oberstein – mit herrlichem Fernblick über die Stadt, ins Nahetal und nach Südwesten weit hinein in den Hunsrück.

Deutsche Edelsteinstraße

Der Reichtum des Nahelands stammte und stammt aus dem Erdinnern. Zwar werden keine Edelsteine mehr gefunden wie in früheren Zeiten, aber dank der Materialimporte und dank der traditionellen

▲ Idar-Oberstein: Die Edelsteinminen des Steinkaulenberges gehören heute Besuchern und Hobby-Mineralogen

▼ Man kann die Steine auch kaufen

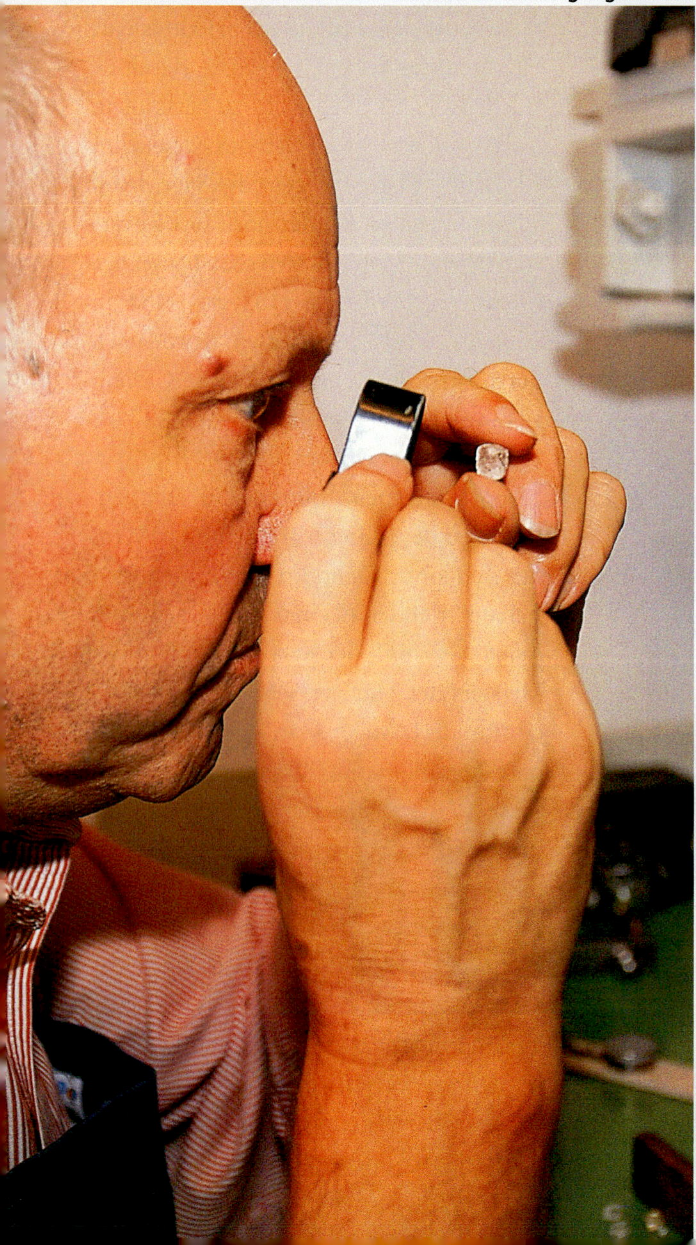

◀ Der Edelstein wird geprüft, geschliffen ...

▼ ... und zu Schmuck verarbeitet

▲ Fachkundige Erläuterungen im Schmuck- und Mineralienhaus Kirschweiler

▲ Historische Weiherschleife: Im Liegen ... ▼ ... und Sitzen wird hier gearbeitet

Handwerkskunst blüht die Schmuckindustrie nach wie vor. Auf Touristenstraßen lassen sich die Attraktionen des Nahelands erkunden. Die Deutsche Edelsteinstraße ist die beliebteste. Ihr Förderverein wurde 1974 gegründet. Zahlreich sind die Sehenswürdigkeiten. Bergwerkstouren führen zu den Edelsteinminen des Steinkaulenbergs und zum Fischbacher Kupferbergwerk. Heute historisch sind die Weiherschleife in Tiefenstein und die Geracher Wasserschleife bei Idar-Oberstein. Die Edelsteinstraße schließt aber auch kleine Orte wie Kirschweiler, das ›Dorf der Edelsteinschleifer‹, ein, mit entsprechenden Einkaufsmöglichkeiten, etwa was preiswerte Edelsteine und Mineralien betrifft. In Idar-Oberstein selbst ist das Angebot an Schmuckgeschäften und Mineralienläden riesengroß. Daneben blühen die Angebote des Selbermachens in der Schmuckgestaltung wie im Edelsteinschleifen.

SPECIAL

Von der Arbeit zum Hobby

Die Idar-Obersteiner Edelstein-Manufaktur basiert auf der Existenz von Edelsteinminen, die bis in die 70er-Jahre des 19. Jahrhunderts für Nachschub an den edlen Rohstoffen sorgten. Dann kam der kommerzielle Abbau zum Erliegen.

Die Edelsteinminen des Steinkaulenberges stehen heute allerdings Hobby-Mineralogen offen, und neben dem Besucherstollen steht auch ein Schürfstollen zur Verfügung. Hier können Schatzsucher und Sammler nach Herzenslust Achate, Amethyste, Jaspis und andere Quarze schürfen – unter bergmännischer Aufsicht. Die zahlreichen Stollen und Weitungen liegen inmitten eines Naturschutzgebiets. Der zehnminütige Fußweg vom Parkplatz führt entlang eines Geologischen Lehrpfads.

Radweg, noch ein Geheimtipp

›Nahe-Hit – Radl mit‹ heißt ein Werbespruch für Aktiv-Urlauber. Der Radweg entlang der Nahe von der Quelle bei Selbach bis zur Mündung bei Bingen am Rhein ist noch immer ein Geheimtipp. Umso mehr, weil es empfehlenswerte Nebenwege gibt, zum Bostalsee bei Selbach etwa oder hinein in den Hunsrück. Der Nahe-

▲ Kirn: Ein stattlicher Barockbau ist die ehemals fürstliche Kellerei

▼ Gemütlich: Kirns Wochenmarkt

▲ Bei der Kirner Kerb geht's rund

▼ Freilichtmuseum Sobernheim: Wie Menschen gerne wohnten ...

▼ ... und Tiere am liebsten leben

▲ Blick über Kirns Schieferdächer

▼ Bad Sobernheim: Kurhaus Dhonau

Radweg führt durch freundliche Landschaften und einladende Weinorte. Sportlich anspruchsvoll ist die Strecke zwischen Idar-Oberstein und Birkenfeld. Sonst herrschen nur geringe Schwierigkeitsgrade vor. Für sportliche Radwanderer besonders zu empfehlen ist die Querverbindung Nahe–Hunsrück–Mosel.

Die Naheweinstraße

Die Naheweinstraße am mittleren und unteren Lauf der Nahe begleitet eine vielgestaltige Köstlichkeit, das Produkt eines kleinen, aber feinen Anbaugebiets, das bei Bad Kreuznach in das Weinanbaugebiet Rheinhessen übergeht, das größte Deutschlands. Vielgestaltig deshalb, weil der Boden, auf dem der Nahewein wächst, geologisch vielfältig ist. Im Zusammenhang von Böden, die von Löss, Quarziten oder Grundschiefer bestimmt werden, mit dem jeweils herrschenden Mikroklima, können gleiche Rebsorten durchaus unterschiedliche Weine hervorbringen – mit großen Geschmacksdifferenzen, etwa zwischen dem Riesling der unteren Nahe und dem Riesling der Waldböckelheimer Steillagen. Das führt zu einem Geschmacksreichtum des Naheweins, der allgemein als aromatisch, fruchtig und alkoholarm gilt.

Kenner rühmen vor allem die Qualität des Weißweins. Für Nichtkenner gibt es weinkundliche Seminare, zahlreiche Weinstuben und alles das, was mit einem Besuch der ›Naheweinstraße‹ und ihrer Weinfeste zusammenhängt. Beliebt sind auch Fahrradtrips ›von Winzerhof zu Winzerhof‹.

Bad Sobernheim

Sobernheim, das sich seit 1995 ›Bad‹ nennen darf, ist der jüngste Kurort des Nahelands. Das Städtchen verfügt zwar über keine heilenden Quellen, die Ruf und Ruhm seiner älteren Kurort-Schwestern Bad Kreuznach und Bad Münster am Stein ausmachen, aber über Lehm. Und der wird für die Felke-Kuren in Bad Sobernheim gebraucht. Die Felke-Kuren haben einen Vater: Emanuel (Erdmann) Felke, ein evangelischer Geistlicher und Naturheilkundiger, der den Ganzheitskuren auf den vier Säulen Licht, Luft, Wasser, Lehm (Heil-

▲ Meisenheim: Untertor ...

▲ Nahelandschaft in Regenbogenfarben: Waldböckelheim

▲ Mit der Draisine durchs Glantal

▼ ... und Fachwerkidylle

▼ Klosterruine Disibodenberg

▲ Meisenheim: Untergasse ▼ Hospiz der Klosterruine Disibodenberg

erde), verbunden mit vitalstoffreicher Ernährung und Bewegung seinen Namen gegeben hat. Wenn man so will, ein Vorreiter des heutigen Wellnessgedankens. Felke wurde 1856 in Kläden bei Stendal geboren und starb 1926 in Sobernheim.

Draisinen-Spaß

Manchmal lohnt es, die Nahe zu verlassen, um ihre Seitentäler zu entdecken. Etwa das Glantal. Bei Staudernheim, ganz in der Nähe von Bad Sobernheim, kann man auf einer stillgelegten Bahnstrecke eine 40 Kilometer lange Draisinen-Tour beginnen. Ein Spaß, besonders für junge Leute. Die nur in geringen Abständen aufeinander folgenden Dörfer und Landschaften des Flusstals erlebt man so aus einer ganz besonderen Perspektive. Auf der Draisine haben bis zu vier Personen Platz. Zwei von ihnen treten in die Pedale und bringen die Draisine voran. Auf der Sitzbank dazwischen können zwei Erwachsene oder drei Kinder mitfahren. Für Gepäck oder Fahrräder ist hinter der Sitzbank Raum.

Fast perfektes Mittelalter

Am Glan – der Flussname ist männlich wie der Rhein – liegt auch das Städtchen Meisenheim, bekannt und beliebt wegen seines intakten mittelalterlichen Ortsbilds. Der 1154 erstmals erwähnte Ort war seit dem 12. Jahrhundert Residenz der Grafen von Veldenz. Vom ehemaligen herzoglichen Schloss ist nur der Magdalenenbau aus dem 17. Jahrhundert erhalten. Die jetzt evangelische Schlosskirche, die Ende des 15. Jahrhunderts vollständig erneuert wurde und einer der bedeutendsten und eigenwilligsten Kirchenbauten aus der Spätgotik im Mittelrhein-Gebiet ist, überragt jedoch nach wie vor den Ort. Katholisches Pendant ist die barocke ehemalige Franziskanerkirche. Ganz Meisenheim ist ein architektonisches Kleinod. Wenn man so will, das ›Rothenburg am Glan‹.

Bad Münster am Stein

Wer weiß etwa, dass die Ritter an der Nahe Burgen über Burgen bauten und die vielen Burgruinen das Land ebenso ›romantisch‹ machen wie den allseits bekannten ›romantischen‹ Mittelrhein? So

▲ Rotenfels: markante Kulisse von Ebernburg ...

▲ Bad Münster am Stein: Altes Kurmittelhaus

▼ ... und am Nahe-Radweg

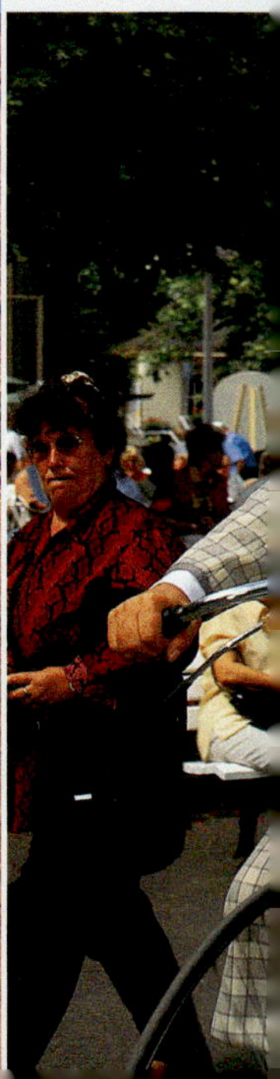

▼ Kurpark-Café … ▲ Die Ebernburg ▼ Nahe-Fähre am Rheingrafenstein

▼ … und Kurpark-Fest

ist das Wahrzeichen von Bad Münster am Stein im mittleren, heilquellenreichen Naheraum die Burgruine Rheingrafenstein. Der Teufel persönlich soll sie auf dem 136 Meter hohen Porphyrfelsen erbaut haben. Höher noch, mit 202 Metern, ist das gewaltige Felsmassiv des Rotenfels, die höchste Steilwand nördlich der Alpen.

Gastfreundlich durch ihr Restaurant ist heute die Ebernburg, wo der berühmte Reichsritter und Reformatoren-Schutzherr Franz von Sickingen geboren wurde. Die Ebernburg ist wie ein Aussichtsturm für diese Naheregion.

Bad Kreuznach

Naheabwärts folgt Bad Kreuznach. Die heutige Kurstadt geht auf ein keltisches Dorf zurück, dessen lateinisierter Name Cruciniacum lautete. Und der verweist auf einen Eigennamen, wahrscheinlich auf Crucinius, den Gründer der Siedlung. Rund 500 Jahre lag dieses Cruciniacum im Imperium Romanum und hatte Teil an den Errungenschaften der römischen Kultur wie Straßen, Brücken und Tempeln. Neben einem Kastell ist vor allem die Peristylvilla bedeutend. Sie gilt als eine der größten Anlagen ihrer Art nördlich der Alpen. In der unmittelbar am Ausgrabungsgelände gelegenen Römerhalle sind die dort gefundenen Mosaiken zu bestaunen.

Rektor Faust

Bad Kreuznachs Geschichte erschöpft sich anschaulich jedoch nicht mit den Römern. Das belegt neben der Kauzenburg, zu der die Grafen von Sponheim den Grundstein legten, auch das Dr.-Faust-Haus. In dem Fachwerkhaus soll 1507 Dr. Johannes Sabellius Faust gewohnt haben. Im Widerspruch zu dieser Legende steht das eigentliche Alter des Hauses. Der tonnengewölbte Keller ist auf das Jahr 1590 datiert. Das Vorbild der wohlbekannten Figur der Weltliteratur war Arzt, Alchemist und Astrologe. Dr. Faust wurde um 1480 in Knittlingen/Württemberg geboren und lebte in verschiedenen süddeutschen Städten, aus denen er immer wieder seines zwielichtigen Gewerbes wegen ausgewiesen wurde. In Bad Kreuznach soll er Rektor des dortigen Gymnasiums gewesen sein.

▲ *Die Stromburg über Stromberg ...*

▼ *... ist heute Spitzenrestaurant*

▼ *Bad Kreuznach: Hier wohnte Dr. Faust*

▼ *Gesundheit zum Einatmen im Bad Kreuznacher Salinental*

▲ Bad Kreuznach: Kauzenburg … ▼ … und Klein-Venedig an der Ellerbach-Mündung in die Nahe

▼ Der Mittelpunkt von Bad Kreuznachs Kurviertel ist das fast schlossartige Kurhaus

Das Heilbad

Bad Kreuznach gilt als das Rheumazentrum von Rheinland-Pfalz. ›Schon die Römer wussten‹, verkündet stolz die Stadtwerbung, ›dass es sich an unseren gesunden Quellen, dem milden Klima und der fantastischen Naturlandschaft gut leben lässt.‹ Als wichtiges Heilgut wird das Heilwasser genannt, das unter der Kontrolle der Badeärzte vorwiegend zu Voll- oder Teilbädern verwendet wird. Üblich ist es, dass der Badegast in ein Laken gewickelt wird, damit beim langsamen Trocknen der Haut sich eine feine Schicht der Quellensalze auf dem Körper bildet, die in dieser Form zu weiterer Wirkung kommen. Heilwasserbäder haben einen starken Einfluss auf das vegetative Nervensystem und sollen mithelfen, rheumatische Erkrankungen sowie Frauen- und Hautleiden zu heilen.

SPECIAL

Inhalatorium Salinental

Mit dem Salinental besitzt Bad Kreuznach ein weiteres großartiges Inhalatorium unter freiem Himmel. Seit dem 14. Jahrhundert dienten die Mineralquellen des Kurorts zur Salzgewinnung. Dazu entstanden Gradierwerke. Auf diese acht Meter hohe Holzkonstruktion mit einem Flechtwerk aus Schwarzdornzweigen wird in dem jeweils am Kopf stehenden Pumpenturm das Quellwasser hochgepumpt. Über die unzähligen Dornen rieselt die Sole in große Auffangbecken.

Die heutigen Gradierwerke sind rund 1000 Meter lang und dienen noch immer auf ebenso einfache wie geniale Weise der Therapie, denn bei jedem Rieselvorgang werden durch Verdunstung 15 Prozent des hochgepumpten und dann durch die Hecken rieselnden Solewassers freigesetzt: Eine natürliche, heilsam wirkende Zerstäubung, die die Luft weithin salzig, würzig und vor allem jodhaltig macht.

Die Sole-Heilquellen sind aber nicht das einzige Kapital des Kurorts. Seit 1912 wird ein ehemaliger Quecksilberstollen zur Radon-Inhalations-Therapie benutzt. Die Radonbehandlung ist in dieser Art einmalig in Europa. Sie wird hauptsächlich bei Morbus Becherew und verschiedenen anderen rheumatischen Erkrankungen eingesetzt.

Boppard
Cochem
Sankt Goar
Sankt Goarshausen
Oberwesel
Kaub
Bacharach
Kastellaun
Zell (Mosel)
Traben-Trarbach
Simmern/Hunsrück
Rheinböllen
Rüdesheim am Rhein
Bingen am Rhein
Stromberg
Kirchberg (Hunsrück)
Morbach
Idar-Oberstein
Kirn
Bad Sobernheim
Bad Kreuznach
Bad Münster-am Stein
Meisenheim
Birkenfeld
Baumholder
Lauterecken
Kusel
Wolfstein
Rockenhausen
Kirchheimbolanden
Otterbach
Sankt Wendel
Freisen
Nohfelden
Miesenbach
Ramstein-
Enkenbach-Alsenborn
Hochspeyer
Deutsche Wildstraße
Hunsrück-Höhenstraße
Deutsche Alleenstraße
Moselweinstraße
Rheingold-straße
Hochwaldschutzpark Hunsrück
Rheingauer Riesling-Route
Naheweinstraße
Deutsche Edelsteinstraße
Schiefer- und Burgenstraße
Loreley-Burgen-Straße
Loreley
Soonwald
Heimweiler
Nordpfälzer Bergland
Reichswald

Infos

Bad Kreuznachs Römerhalle bewahrt das großartige Gladiatorenmosaik einer römischen Villa

Stromberg ①

Der Ort am Ostrand des Soonwalds ist die Heimat des ›Deutschen Michel‹ Hans Michael Elias von Obentraut.

TOP ZIEL **Stromburg**: Wahrzeichen Strombergs (erste Erwähnung 1056), heute Burghotel und Nobelrestaurant des Fernsehkochs Johann Lafer.

Sehenswert: Die **Stauferburg** (Ruine) auf dem zweiten ›Hügel‹ der Stadt war wohl Vorgänger der **Stromburg**. Die **ev. Pfarrkirche** wurde 1725 erbaut (Westturm 1877). Nach Plänen des Kölner Dombaumeisters Vinzenz Statz entstand die neugotische **Hallenkirche St. Jakobus d. Ä.** (1863).
Restaurierter Wehrturm der Stadtbefestigung ist der **Schlangenturm**. Vom **Heimatmuseum** ertönt tgl. um 11.00 und um 17.00 Uhr ein Glockenspiel mit Volksliedern (Gerbereistr. 20; Do. 16.00 –19.00, 2. So. im Monat 14.00–16.00 Uhr).

TIPP

Highlight der Wellnessbäder

Als Oscar Schütz in Bad Kreuznachs Kurviertel 1911 sein Bäderhaus erbaute, orientierte er sich an den barocken Schlossanlagen. Dabei ließ er klassizistische Elemente einfließen. Das Zentralbad sollte dem stillen Krankenbad an der Nahe Glanz und Luxus verleihen.
Der Umbau 1999 zum exklusiven Sauna- und Wellnessbad hatte dasselbe Ziel. 15 Millionen Mark ließ man sich den Wohlfühlbetrieb kosten mit dem derzeit wohl vielfältigsten Wellnessangebot Deutschlands: Süßwasser- und Solebecken, Wasserfall und Sprudelliegen, römisches Bad, maurisches Dampfbad, türkisches Hamam, finnische Sauna, Schönheitsbäder, Solarien, Massagen. Tel. 0671/99 11 00, www.baederhaus.de

Maßstab 1:300 000 — 0 – 2,5 – 5 – 7,5 – 10 – 12,5 – 15 km

Umgebung: Das Orgel-ART-Museum in **Windesheim** (6 km südöstl.) bietet neben Orgelbaukunst viel Programm: Konzerte, Vorträge, Musikwettbewerbe, Ausstellungen (Hauptstr. 52, Tel. 067 07/91 144, www.orgel-art-museum.de; Di.–So. 11.00–18.00 Uhr).

ⓘ Tourist-Information, Warmsrother Grund 2, 55442 Stromberg, Tel. 0 67 24/274, Fax 0 67 24/227, www.stromberg.de

Bad Kreuznach ②

Die Kreisstadt im Regierungsbezirk Koblenz ist mit Abstand die größte Stadt (44 000 Einw.) im Naheland. Ihre Geschichte reicht bis in die Steinzeit zurück. Schon die Römer (ca. 58 v. Chr. bis 5. Jh. n. Chr.) sollen angeblich die Mineralquellen geschätzt und den ersten Weinbau betrieben haben. In der Gemarkung Bad Kreuznach liegt heute das größte Nahewein-Anbaugebiet. Die Radon-Solequellen dienen vor allem der Therapie von Rheuma- und Atemwegserkrankungen.

Sehenswert: Die Altstadt heißt hier ›Alte Neustadt‹. Eine Besonderheit sind die **Brückenhäuser** (15.–16. Jh.) auf den Pfeilern der alten Nahebrücke. In ihnen nutzen seit jeher Händler die Lage zwischen den beiden Stadtteilen. Die Häuserzeile **Klein-Venedig** an der Mündung des Ellerbachs in die Nahe war die Heimat der Nahefischer. Unweit hiervon befindet sich das **Dr.-Faust-Haus**, Magister-Faust-Gasse 47. Der **Eiermarkt** im Zentrum ist ein beliebter Treffpunkt der Stadt, vor allem im Sommer. Die Bürgerhäuser, meist aus der Zeit nach 1700, stehen auf älteren Gewölbekellern. Den Platz optisch beherrscht **St. Nikolaus**, ursprünglich eine Stiftung der Sponheimer Grafen aus dem 13. Jh. an den Karmeliterorden. Sie ist im Kern ein im süddeutschen Bettelordenstil errichteter gotischer Bau mit Dachreiter. Der Turm und andere Anbauten entstanden Ende des 19. Jh.s. Zu ihrem Kirchenschatz gehört ein kostbares Kreuzreliquiar (um 1390). Malerisch wirkt auch der **Salzmarkt**. Hier steht das historische **Gasthaus zur Krone**, das nach 1980 originalgetreu wieder aufgebaut wurde. Die Stadt überragt die Ruine der **Kauzenburg**. Die Mauerreste mit alten Kellergewölben wurden 1972 modern überbaut. Unterhalb, auf dem Badewörth, befindet sich die **Pauluskirche**, deren Vorgängerbau 1311 von den Sponheimer Grafen gestiftet worden war. In den Kirchenbüchern ist die Trauung von Karl Marx und Jenny von Westphalen am 19. Juni 1843 dokumentiert. Im Schlosspark zeigt das **Schloßparkmuseum** geologisch-paläontologische, vor- und frühgeschichtliche, stadt- und kunstgeschichtliche Sammlungen (Dessauer Str. 49; Di.–So. 10.00 –17.00 Uhr). Neu ist das **Museum für PuppentheaterKultur – PuK**, Rittergut Bangert (Hüffelsheimer Str. 5; Di.–So. 10.00–17.00 Uhr).

TIPP

Bad Kreuznacher Jahrmarkt

Der Bad Kreuznacher Jahrmarkt ist das größte Volksfest zwischen Nahe, Mosel, Saar und dem rheinhessischen Raum. Erstmals fand er 1810 vom 19. bis 21. August auf der Pfingstwiese statt. Nach dem Protokoll des Munizipalrats wurde 1810 der Jahrmarkt für die Zeit von Sonntag, dem 15. August, bis zum darauf folgenden Dienstag festgelegt. Mit dem Fest sollte der Geburtstag Kaiser Napoleons I. angemessen gefeiert werden. Bad Kreuznach gehörte damals zu Frankreich.
Das Marktgelände, mittlerweile auf rund 63 000 m^2 angewachsen, wird von über 500 000 Menschen jährlich besucht. Ursprünglich beherrschten Händler den Markt. Heute dominieren Fahrgeschäfte – vom Kinder- und Kettenkarussell übers Riesenrad bis zum Hightech-Betrieb. Im großen Weinzelt schenken Nahewinzer ihre guten Tropfen aus. Und es gibt noch viele andere Arten der Belustigung. Immer am 3. Aug.-Wochenende Fr.–Di.

TOP ZIEL **Römerhalle**: Die zum Museum umgebaute Scheune (spätes 19. Jh.) birgt prächtige Mosaikböden einer römischen Villa (3. Jh.), deren Reste gleich nebenan besichtigt werden können (Hüffelsheimer Str. 11; Di.–So. 10.00–17.00 Uhr; Tel. 06 71/92 07 77).

Kurviertel: Direkt an der Nahe mit Kurpark, Kurzentrum, Haus des Gastes, Kurhaus (1913), Elisabethquelle, Gradierwerken, Freiluftsolezerstäuber, Radonstollen, Bäderhaus und Crucenia-Thermen (Tel. 0671/99 14 26).

Nachtleben: Diskotheken: ›Space Park‹, Am Grenzgraben 10 (Tel. 06 71/79 66 830);

Am Ufer des großen Stroms

Am Rheinwinkel bei Mainz liegen mit Ingelheim und Bingen zwei historisch reiche Städte: Die Mauerreste der Ingelheimer Pfalz, wo einst Karl der Große residierte und regierte, künden von jener Zeit, als Deutschland noch Teil des Frankenreichs war und Europa eine fränkisch kontrollierte Einheit. Die Vision von einem neuen Reich beschäftigte später den Dichter Stefan George, der 1868 in Büdesheim das Licht der Welt erblickte. Weit früher als Naturkundlerin einen Namen gemacht hatte sich die heilige Hildegard von Bingen.

Mindestens so oft fotografiert wie die Loreley: der Mäuseturm auf einer Rheininsel bei Bingen.

▲ Bingen: Über der Nahe grüßt Burg Klopp

▼ Hildegard von Bingen als Komponistin

▲ Bingen: St. Martin

▼ Theaterfestival auf Burg Klopp

▲ *Am anderen Rheinufer thront Burg Ehrenfels*

▼ *Das Stefan-George-Museum*

Der Rhein biegt bei Mainz nach Westen und nimmt bei Bingen wieder seinen Weg nach Norden auf. Er trennt damit das linksrheinische Rheinhessen vom rechtsrheinischen Rheingau, und damit auch zwei charakteristische deutsche Weingebiete: das des Rheinhessenweins, dessen Anbau sich vom Rhein aus unmittelbar nach Südwesten verbreitet, und das des Rheingauweins rund um Eltville, Oestrich und Rüdesheim.

Baggergebot

Im Rheinwinkel zwischen Mainz und Bingen kommt es zu mehr Schiffsunfällen als sonst. Der Grund: Das geringe Gefälle führt zu ›Wanderdünen‹ von Sand, Schlamm und Geröll auf dem Boden des Rheins, die der Schifffahrt hinderlich sind. So muss von Zeit zu Zeit die Fahrrinne ausgebaggert werden. Die Baggerschiffe sorgen für Mulden, in denen die ›Wanderdünen‹ Platz finden. Das ist besonders wichtig, weil der Rhein, Deutschlands längster Fluss, die verkehrsreichste Binnenwasserstraße Europas ist. Andere Beeinträchtigungen des Schiffsverkehrs, etwa durch Hochwasser, Eis oder Nebel, sind minimal. Die Fahrrinne an den bisherigen Engstellen – so am Mittelrhein – wurde auf 120 Meter verbreitert und auf 2,10 Meter vertieft. Als verschmutzt gilt der Abschnitt Mainz–Bingen, trotz aller Umweltschutzmaßnahmen. Hier wirkt sich das stark verunreinigte Main-Wasser aus.

Aus der Binger Geschichte

Bingen am Rhein ist das alte römische Bingium, das innerhalb einer den Kloppberg umfassenden Befestigungsanlage lag. 355 n. Chr. zerstörten die Alemannen das Castellum Bingium und den Verteidigungsgürtel, und es entwickelte sich das mittelalterliche Bingen, eine Frühgeschichte, die Bingen mit vielen rheinhessischen Orten teilt. Für viele Rheintouristen ist nicht nur Burg Klopp auf dem Klopp-Berg das Wahrzeichen Bingens: Es ist der Mäuseturm auf einer kleinen Rheininsel im so genannten Binger Loch, einer früher als gefährlich geltenden Rheinstrecke.

Der Legende nach ließ Bischof Hatto II. einen verfallenen Römerturm auf der Insel wieder in Stand setzen. In seinem Schutz

▲ Schmuckes Ensemble: Gau-Algesheims Rathaus und der Pfarrkirchturm

▲ Ingelheim feiert: Rheinhafenfest … ▼ … und Sommergarten

▲ Blick über den Rhein auf Eltville

▲ Sommerlicher Hochbetrieb auf der Rheinfähre von Bingen nach Rüdesheim

▲ Wehrhaft: Ingelheims Burgkirche

▼ Rheinauen bei Gaulsheim

fühlte er sich sicherer, wenn er in der Stadt war. Denn er galt als unbeliebt. Als der Bischof wegen einer Erkrankung auf der Insel bleiben musste – so um 970 –, sollen ihn Tausende von Mäusen angefallen und tödlich verletzt haben. Seitdem spricht man vom Binger Mäuseturm. Hatto II. hatte 968 die Führung in Mainz, dem oberhoheitlichen Erzbistum, übernommen und hatte gleich die Steuern für die Binger Bürger erhöht. Die Binger sagten sich fantasievoll: Erst nagte er an uns, nun nagten ihn die Mäuse.

SPECIAL

Die heilige Hildegard

Die Gedenkstätten Hildegard von Bingens feiern eine große weibliche Gestalt des Hochmittelalters. Die später heilig gesprochene Hildegard wurde 1098 in Bermersheim v. d. H. geboren und starb 1179 im Kloster Rupertsberg bei Bingen, das sie selbst gegründet hatte. Sie wurde Benediktinerin und trat ins Kloster Disibodenberg an der Nahe ein. Schon in der Kindheit hatte sie Visionen gehabt, die sie später in lateinischer Sprache niederschrieb. Die drei Bände ihrer Glaubenslehre ›Scivias‹ (deutsch ›Wisse die Wege‹) erregten in ihrer Zeit großes Aufsehen. Sie schrieb und vertonte auch geistliche Lieder, und sie verfasste naturkundliche Schriften, die heute als wichtigste Quelle mittelalterlichen Wissens über die Natur gelten. Bedenkt man ihre dörfliche Herkunft und die Zeit ihres Wirkens, die für weibliche ›Geistesschaffende‹ nicht gerade günstig war, muss Hildegard von Bingen eine ganz erstaunliche Frau gewesen sein.

Stefan George

In Büdesheim, einem Stadtteil Bingens, wurde 1868 Stefan George geboren, der Lyriker auf den Spuren des französischen Symbolismus und spätere Verfechter einer neuen ästhetisch begründeten humanistischen Kultur, angesichts allgemeinen europäischen Kulturzerfalls. George und seine Anhänger, der George-Kreis, standen unter dem Einfluss Nietzsches, der als Folge von ›Gottes Tod‹ im Bewusstsein der Menschen eine ›lärmende und pöbelhafte Gesellschaft‹ prophezeit hatte, in der keiner mehr die Frage stellen werde: ›Was ist vor-

▲ *Fachwerkkunst vom Feinsten: Bodenheims Altes Rathaus*

▲ *Wacht in Nierstein über den Wein: Ruine Schwabsburg*

▲ *Weinlese bei Ingelheim*

▲ *Mittelalter ›live‹ in Oppenheim*

▼ *Nackenheimer Hafenidylle*

▲ Zum Beispiel Nierstein: In den Weinkellern reifen ... ▼ ... Tropfen für Geselligkeit

nehm?‹ Als Träger einer neuen Vornehmheit verkörperte George fast mystischerweise den form- und schönheitsbewussten Dichter. 1927 erhielt er seine erste offizielle Ehrung als Lyriker durch die Stadt Frankfurt am Main. Georges neues Menschenbild nutzten die Nationalsozialisten zu Propagandazwecken aus. Entmutigt verließ er Deutschland. Am 4. Dezember 1933 starb George in Locarno in der Schweiz.

›Hauptstadt‹ Ingelheim

Ingelheim hatte einst eine Art Hauptstadtfunktion. Im Frankenreich erlebte die Stadt unter Karl dem Großen und seinem Nachfolger, Ludwig dem Frommen, der in Ingelheim starb, ihre erste Blütezeit. Das war im 8. und 9. Jahrhundert. Damals wurde die Kaiserpfalz erbaut. Bis 1105 fanden in ihr wichtige Reichsversammlungen statt. Auch war sie offizieller Versammlungsort für die Reichstage und bei großen Festen wie den Oktoberfest-Krönungen. Zu den historischen Ereignissen in den Pfalzmauern gehört der Tassilo-Prozess. Tassilo III., Herzog von Bayern, hatte einen Aufstand gegen den fränkischen Lehnsherrn gewagt und verloren. Karl der Große verbannte ihn lebenslang in ein Kloster.

Wo die Selz in den Rhein mündet, trumpft aber auch die Gegenwart auf: der unübersehbare Bau eines großen Arzneimittelwerks, das die moderne Wirtschaftskraft der alten Stadt stärkt.

Deutsches Weinbaumuseum

In Oppenheim, direkt am Rhein und an der B 9 gelegen, hat das Deutsche Weinbaumuseum seinen Sitz. Neben Geräten aus Weinbau, Kellerwirtschaft und Weinvermarktung, historischen Keltern und Trinkgefäßen findet man Exponate ganz anderer Art: Oldtimer-Traktoren. Die ersten Schlepper hatten Dreigang-Getriebe, eisenbereifte Räder und entwickelten Leistungen bis 12 PS. Die Fahrgeschwindigkeit betrug etwa 6 Kilometer pro Stunde. Heute gibt es Schlepper mit einer Vielzahl von Gängen und über 200 PS, die 25 Kilometer pro Stunde und mehr fahren. Im modernen Weinbau mit Reihenentfernungen von 1,50 Metern arbeitet man mit Schmalspurschleppern und – an Hanglagen – Weinbergraupen.

Idstein
Glashütten
Königstein im Taunus
Hohenstein
Burg Hohenstein
Heidenrod
Nastätten
Bad Schwalbach
TAUNUSSTEIN
Niedernhausen
Eppstein
Kelkheim
Bad Soden am Taunus
WIESBADEN
Schlangenbad
Hofheim am Taunus
Kriftel
Hattersheim am Main
Deutsche Fachwerkstr.
Bäderstraße
Rheingauer Riesling-Route
Rheingaugebirge
Kiedrich
Eltville am Rhein
Walluf
Oestrich-Winkel
Hochheim am Main
Flörsheim am Main
Raunheim
Rüdesheim am Rhein
Geisenheim
Budenheim
Gustavsburg
Bischofsheim
RÜSSELSHEIM
Bingen am Rhein
Gau-Algesheim
Ingelheim am Rhein
Heidesheim am Rhein
MAINZ
Ginsheim
Nauheim
Waldalgesheim
Münster-Sarmsheim
Rheinhessisches Hügelland
Ober-Olm
Klein-Winternheim
Bodenheim
Nackenheim
Trebur
Groß-Gerau
Langenlonsheim
Guldental
Bretzenheim
Hargesheim
Elsheim
Stadecken-Elsheim
Nieder-Olm
Zornheim
Nierstein
Oppenheim
Bad Sobernheim
Sprendlingen
Wörrstadt
BAD KREUZNACH
Bad Münster am Stein-Ebernburg
Wöllstein
Deutsche Alleenstr.
Gau-Odernheim
Alzey
Guntersblum
Alsheim
Biebesheim am Rhein
Gernsheim
Riedstadt
Stockstadt am Rhein
Kirchheimbolanden
Hamm am Rhein
Westhofen
Osthofen
Biblis
Flörsheim-Dalsheim
Monsheim
Nibelungenstraße
Siegfriedstraße
WORMS
Bürstadt
LAMPERT-HEIM
Rockenhausen
Göllheim
Kerzenheim
Eisenberg (Pfalz)
Grünstadt
Dt. Weinstr.
Obrigheim (Pfalz)
Bobenheim-Roxheim
Winnweiler

Infos

Bau mit großer Geschichte: Bingens Drususbrücke über die Nahe

Bingen am Rhein ①

Bingen (ca. 26 100 Einw.) an der Mündung der Nahe in den Rhein lebt vom Weinbau und Weinhandel. Hier stoßen die Anbaugebiete Mittelrhein, Nahe und – jenseits des Rheins – Rheingau zusammen. Eine Personen- und Autofähre verbindet Bingen mit Rüdesheim (B 42) und erlaubt Ausflüge in den Rheingau.

Geschichte: Bingen hat eine römische Anfangsgeschichte. 11 v. Chr. bauten die Römer auf dem Binger Kloppberg ihr erstes Kastell Bingium. Seit dem Frühjahr 1999 wird im Binger Wald die Villa Rustica, eine römische Gutsanlage aus dem 1. Jh. n. Chr., systematisch ausgegraben. Die Reste eines repräsentativen Wohngebäudes mit Badeanlage sind bereits freigelegt worden. Die Anlage soll auch in den nächsten Jahren weiter erforscht werden (Führungen werden angeboten). 359 umschloss eine mächtige Mauer die Stadt: wichtige Verteidigungsbastion am Rhein gegen die germanischen Franken und Alemannen. Der Grundriss Bingens folgt noch heute der römischen und mittelalterlichen Straßenführung. Berühmteste historische Figur ist Hildegard von Bingen, die 1147 das Kloster Rupertsberg gründete.

Sehenswert: Die **Drususbrücke** (11. Jh.) mit der Brückenkapelle im östlichen Widerlager ist eine der ältesten Steinbrücken Deutschlands. Der **Alte Kran** müsste seiner einstigen Funktion nach am Rhein stehen, im Mittelpunkt eines Hafens. ›Im Land‹ steht er, weil 1893 das Rheinufer aufgeschüttet worden ist. Die original erhaltene Holzkonstruktion ist mit Schiefer verkleidet. 1416 geweiht wurde die gotische **Basilika St Martin**; die Krypta (11. Jh.) stammt noch vom romanischen Ursprungsbau. In waldreicher Umgebung auf dem Rochusberg ist die neugotische **Rochuskapelle** Ziel der Wallfahrer. Der **Mäuseturm** (14. Jh.) mitten im Rhein entstand als Wartturm der kurmainzischen Zollburg Ehrenfels. 1856, als man ihn zum Signalturm für die Rheinschifffahrt machte, erhielt er seine neugotischen Zinnen.

Museen: Der Turm der **Burg Klopp** (ab 1875 erneuert) steht täglich zur Besteigung offen. Das **Historische Museum am Strom – Hildegard von Bingen** widmet sich der Heiligen, der Rheinromantik und zeigt Wechselausstellungen (Museumstr. 3, Tel. 06721/990654; Di.–So. 10.00–17.00 Uhr). Gedenkstätte ist das **Stefan-George-Haus**, in dem der Dichter am 12. Juli 1868 als Sohn eines Weinhändlers und Gastwirts zur Welt kam (Freidhof 9; Di., Do., Sa. 14.00–17.00 Uhr u. nach Vereinb. über Tourist-Inform.).

Aktivitäten: Stadtführungen; Führungen zum Thema Hildegard von Bingen und Veranstaltungen zum Thema Wein; Erlebnispfad Binger Wald; Schiffstouren auf dem Rhein; Nordic Walking Park Bingen (ab Frühjahr 2006); Knotenpunkt von Rheinradweg und Naheradweg; Höhenpark Rochusberg; Rheinkribben.

Veranstaltungen: Sektfest (Mai); ›Nacht der Verführung‹, Wein-Nacht auf dem Rochusberg (Mai); ›Bingen swingt‹ (Juni); ›Der Rhein im Feuerzauber‹ (1. Juli-Sa.); Theater Open-Air Festival (Juli); Rochusfest (Aug.); Winzerfest (Sept.; 1 Woche nach Rochusfest); Weihnachtsmarkt (Dez.); 2008 Landesgartenschau von Rheinland-Pfalz.

TOP ZIEL **Rheinauen:** Über die Natursehenswürdigkeit informieren das NABU-Naturschutzzentrum in **Bingen-Gaulsheim** (An den Rheinwiesen 5, Tel. 06721/14367; Mo.–Fr. 9.00 bis 16.00 Uhr) und dessen Naturerlebnispfad. Beliebt sind die 3,5-stündigen ornithologischen Schiffsexkursionen, die das Naturschutzzentrum im Winterhalbjahr veranstaltet (Termine: auf Anfrage, je So.; Abfahrt: 9.00 Uhr Bingen, Anleger 9; 9.20 Uhr Rüdesheim, Anleger 16).

ⓘ Tourist-Information, Rheinkai 21,
55411 Bingen am Rhein,
Tel. 06721/184200 oder 184205,
Fax 06721/184214, www.bingen.de

SPECIAL

Binger Brückenlos

Die erste Brücke bei Bingen entstand im Jahrzehnt vor Christi Geburt. Drusus schützte zu dieser Zeit die linksrheinische Grenze des Römischen Reiches durch den Bau von Befestigungsanlagen und ließ eine Holzbrücke über die Nahe bauen. 70 n. Chr. wurde sie zerstört, und es folgte die erste Steinbrücke, die bis 891 stand. Dann wurde sie von den Normannen zerstört. Gut 100 Jahre später ließ der Mainzer Reichsbischof Willigis (975–1011) eine neue Steinbrücke über die Nahe errichten. Sie fiel 1689 den französischen Truppen zum Opfer. 1772 wurde sie abermals wieder aufgebaut. 1945 sprengte ein Spezialkommando der Deutschen Wehrmacht einen Brückenbogen vor den anrückenden Truppen der Alliierten. Heute steht sie wieder: die Drususbrücke. Nach einer Verbreiterung beim Wiederaufbau 1951 hält sie selbst dem modernen Verkehr stand.

Maßstab 1:250 000 — 0 – 2,5 – 5 – 7,5 – 10 – 12,5 km

›Bingen swingt‹ – beim dreitägigen Jazz-Festival am letzten Wochenende im Juni

Gau-Algesheim ②

Der Ort an der B 9 gehört zu Rheinhessens größten Weinbaugemeinden und ist ein historisch-architektonisches Kleinod. Seine Geschichte reicht ins frühe Mittelalter zurück. 1355 erhielt Gau-Algesheim Stadtrechte und eine Stadtmauer.

Sehenswert: Torbögen zieren die **Winzerhöfe**. Von den alten Befestigungstürmen steht noch der **Graulturm**, einst Gefängnis. Das **Rathaus** von 1480 wurde 1726 nach einem Brand in barocken Formen wieder aufgebaut. Nach Plänen des Freiburger Dombaumeisters Max Meckel entstand die neugotische kath. **Pfarrkirche St. Cosmas und Damian** (1887–1889). Die **Wallfahrtskapelle** (1707, Umbau 1906) auf dem Laurenziberg hat einen Hochaltar (um 1680), der einst im Mainzer Dom stand. Das renovierte, ehemals erzbischöfliche **Schloss Ardeck** (1422–1444) beherbergt das Rheinhessische Fahrradmuseum (Ostern – 2. Okt.-So. So. u. Fei. 11.00 –17.00 Uhr und nach Vereinb.)

Aktivitäten: Geführte Stadtrundgänge; Wanderungen zum Laurenziberg und besondere Themenwanderungen.

Veranstaltungen: Laurenziwallfahrt (Anf. Aug.); Kerb (Mitte Aug.); Fest des jungen Weines (2. Wochenende im Okt.).

ⓘ Stadtverwaltung, Rathaus,
55435 Gau-Algesheim, Tel. 06725/3151,
Fax 06725/6616

Ingelheim am Rhein ③

Die geschichtsträchtige Weinstadt (26 000 Einw.) an der Mündung der Selz in den Rhein ist heute ein Industriestandort, vor allem dank einer großen Arzneimittelfabrik. Die Auto- und Personenfähre Ingelheim–Östrich-Winkel erlaubt Ausflüge in den Rheingau.

Geschichte: Schon in fränkischer Zeit in königlichem Besitz, gewann Ingelheim unter den Karolingern große historische Bedeutung. Karl der Große im 8. Jh. ließ hier nicht nur eine Kaiserpfalz errichten. Ihm wird auch nachgesagt, dass er Ingelheims Ruf als Rotweinstadt begründete. Unter Friedrich Barbarossa (1152–1190) wurde die Stadt durch Erneuerung von Pfalz und Pfalzkapelle nochmals kurzzeitig Symbol kaiserlicher Macht. Mit der Verpfändung der Stadt an die Kurpfalz 1375 nahm Ingelheims Bedeutung ab. Lokale Adelsgeschlechter hatten fortan das Sagen.

Sehenswert: Die **Kaiserpfalz** in Nieder-Ingelheim gibt mit den Bauresten der Aula regia (tgl. bis 17.00 Uhr), des großen Rechtecksaals mit Apsis, noch heute einen guten Eindruck von der einstigen Größe. Das Besucherzentrum im **Museum bei der Kaiserpfalz** hält umfassende Informationen zur Bau- und Ausgrabungsgeschichte bereit. Das Museum zeigt Stücke von der Ingelheimer Frühgeschichte bis zum Mittelalter (François-Lachenal-Platz 5, Tel. 06132/714701; April bis Okt. Di. – So. 10.00 – 12.30 und 13.30 bis 17.00, Nov. – März Di. – So. 10.00 – 16.00 Uhr; Mo. jeweils geschlossen). Die heutige ev. **Saalkirche** war einst Pfalzkapelle (10. Jh., um 1160 erneuert). Schlichter Barock kennzeichnet die **Remigiuskirche**.
Eine pittoreske Anlage ist die **Burgkirche** in Ober-Ingelheim. Mit Wehrmauer, Toren und Türmen entstand sie im 15. Jh. Von der alten Ortsbefestigung stehen noch das **Uffhuber-** und **Oberbrückentor**, malerische Rundtürme mit steinernem Kegeldach.

Aktivitäten: Beheiztes Freibad.

Veranstaltungen: Kaiserpfalz-Wanderungen; Hafenfest (letztes Juli-Wochenende); Rotweinfest (letztes Sept.-Wochenende bis 1. Okt.-Wochenende).

Auch Rheinradler brauchen manchmal eine Pause

Schulungszentrum: Heidesheims Schlossmühle

Umgebung: Ein Denkmal der Zeit um 1910 ist der **Bismarckturm** auf der westlichen Anhöhe Waldeck (205 m, Aussicht).

ⓘ Touristinformation, Neuer Markt 1,
55218 Ingelheim am Rhein,
Tel. 06132/782216, Fax 06132/782134,
www.ingelheim.de

Heidesheim am Rhein ④

Heidesheim (ca. 10 333 Einw.), einer der größten Orte im Landkreis Mainz-Bingen, beweist, dass Rheinhessen nicht nur Weinland ist. Hier hat Obst- und Spargelanbau großen Anteil an der Landwirtschaft. Im Frühjahr kann man durch ein Meer von weißen Obstblüten wandern.

Sehenswert: Interessantes Beispiel einer Turmburg ist **Burg Windeck** mit ihrem Wohn- und Wehrturm (13. Jh.). Am ehemaligen Mühlkanal liegt die **Schlossmühle** (16. Jh.), ein herrschaftliches Haus und heute privates Schulungszentrum. Imposant ist die spätbarocke Fassade der **kath. Pfarrkirche** (1791 bis 1811; Ausstattung vorwiegend 1609–1621). Nördlich, nahe der alten Römerstraße in Felder gebettet, erinnert die uralte **Georgskapelle** an die lange Geschichte des Ortes.

Aktivitäten: Wanderungen auf dem Rheinhöhenweg zum Rabenkopf (Fernblick).

Veranstaltung: Erntedankfest mit großem Festzug (Anfang Okt.).

ⓘ Verbandsgemeinde, Am Goldenen Lamm 1,
55262 Heidesheim am Rhein,
Tel. 06132/9760, Fax 06132/976150,
www.vg-heidesheim.de

Bodenheim ⑤

›Tor zur Rheinterrasse‹ wird das alte Weindorf an der B 9 genannt. 36 Klöster, Stifte und Adelsfamilien hatten hier einst ihre Weingüter und Höfe. Viele davon sind in dem Fachwerkstädtchen noch erhalten. Besonders im Sommer und Herbst herrscht in den Gassen mit den vielen Weinausschankstätten reichlich buntes Treiben.

Sehenswert: Auffallend ist das **Alte Rathaus** (1608), einer der schönsten Fachwerkbauten Rheinhessens. Die **Albankirche** (1828–1830),

Infos

TIPP

Carl-Zuckmayer-Festspiele

Vor mehr als 70 Jahren fanden die Nackenheimer Winzer das Schauspiel ›Der fröhliche Weinberg‹ von Carl Zuckmayer gar nicht lustig. Sie fühlten sich als weinselige Lotterbuben verspottet. Inzwischen haben sie ihm verziehen und die Liebeserklärung des Dichters an seine Heimatstadt und an Rheinhessen überhaupt angenommen. Die 1972 gegründete Carl-Zuckmayer-Gesellschaft mit eigenem Spielensemble führt Zuckmayers Stück im Rahmen ihrer Festspiele alljährlich von Ende Mai bis Anfang Juli auf der Freilichtbühne vom Weingut Gunderloch in Nackenheim auf. Programm-Info: www.carl-zuckmayer.de; Karten nur über: Tel. 061035/8538, info@carl-zuckmayer.de

ein stattlicher Saalbau, hat schöne Barockaltäre, die einst im Mainzer Dom standen.

Aktivitäten: Weinlehrpfad mit Fernblick (Rheintal, Odenwald, Taunus).

Veranstaltungen: St. Albans-Fest (1. Juni-Wochenende); Westrum-Fest, Weinerlebnistage (2. Sept.-Wochenende); Kerb (3. Sept.-Wochenende).

ⓘ Verkehrsverein, Obergasse 22,
55294 Bodenheim, Tel. 06135/6395,
Fax 06135/6397, www.bodenheim.de

Nackenheim 6

Der Ort liegt direkt an der Bundesstraße 9. Beim Spaziergang am Rheinufer fällt eine Nepomuk-Statue auf: der Dank, dass der Ort vor großen Überschwemmungen verschont blieb.

Sehenswert: Fachwerkhäuser und Barockbauten aus dem 18. Jh., wie das **Rathaus**, geben Nackenheim sein Gesicht. Auch **St. Gereon** wurde 1716 neu errichtet. Ein Besuch im **Geburtshaus Carl Zuckmayers** (1896–1977) bietet sich an. Das ehemalige Schulgebäude, ein spätklassizistischer Typenbau von 1832, ist heute **Ortsmuseum** mit Sammlungen zur Vor- und Frühgeschichte, Geologie, Sozial- und Heimatgeschichte (Tel. 06135/3891; Führung nach Voranmeldung).

Aktivitäten: Wassersport auf dem Rhein; Rheinhöhen-Wanderweg zum Bergkreuz (1767).

Veranstaltungen: Weinfest (letztes Juli-Wochenende); Inselfest (letztes Aug.-Wochenende); Kirchweihfest (4. Sept.-So.).

ⓘ Gemeinde, Carl-Zuckmayer-Platz 1,
55299 Nackenheim, Tel. 06135/5625, Fax
06135/80257, www.nackenheim.de

Nierstein 7

Mit über 1000 ha Rebfläche ist Nierstein die größte weinbautreibende Gemeinde am Rhein. Das so genannte Rotliegende hatten schon die Römer als idealen Boden für die Reben erkannt und hier ihr Lager Buconica errichtet.

Sehenswert: Wahrzeichen ist der **Wartturm**, ein mittelalterlicher Signalturm in den Weinbergen, von dem man weit ins Land sehen kann. Wein umgibt auch die kath. **Kilianskirche** (18. Jh.) mit romanischem Chorturm. Ein solcher gehört ebenso zur ev. **Marktkirche** (1787). Schön ist der **Marktplatz** mit Adelshöfen und **Altem Rathaus** (1838), das ein **Paläontologisches Museum** beherbergt mit versteinerten Tieren und Pflanzen, darunter eine 265 Mio. Jahre alte Eintagsfliege, die es nur dreifach auf der Erde gibt (So. 11.00–16.00 Uhr). Von der **Schwabsburg**, einer Reichsburg aus der Stauferzeit, steht noch der Bergfried.

Aktivitäten: Weinbergsrundfahrten; Höhenwege über dem Flügelsbachtal; Weinproben; Stadtführungen.

Veranstaltungen: Weinpräsentation am Roten Hang (Juni); Parklichterfest (Juni); Wein am Rhein (Juli); Winzerfest (Aug.); Offene Weinkeller (Sept.).

ⓘ Tourismus- und Kulturbüro,
Bildstockstr. 10, 55283 Nierstein,
Tel. 06133/960506, Fax 06133/5181,
www.nierstein.de

Oppenheim 8

Das Ensemble von Kirchen und anderen Bauten, gekrönt von der Burgruine Landskron, bewegt auch eilige Autofahrer, in Oppenheim direkt an an der B 9 Halt zu machen. Der rote Sandstein verstärkt noch den Reiz der malerischen ›Wein- und Festspielstadt‹.

Sehenswert: Viele schöne Fachwerkhäuser und mittelalterlich anmutende Gassen versetzen beim Rundgang durch die einst Freie Reichsstadt in frühere Zeiten. Ein Prachtbau der Gotik ist die **Katharinenkirche** (vor 1234 begonnen) mit alten Glasmalereien und kunstvollen Grabdenkmälern. 20000 Skelette verwahrt die gotische **Michaelskapelle**, das Beinhaus im alten Friedhof. Das **Deutsche Weinbaumuseum** besitzt eine umfangreiche Sammlung von Geräten aus Weinbau, Kellerwirtschaft und Weinvermarktung (Wormser Str. 49; April–Okt. Di.–Fr. 14.00–17.00, Sa., So., Fei. 10.00–17.00 Uhr; für Gruppen auch nach Vereinb.; Tel. 06133/2544). An der Landstraße nach Worms taucht das **Gutleutehäuschen** (1589) auf, der Torbau des vor der Stadtmauer gelegenen ehemaligen Leprosenhauses.

Der Fasskeller vom Weinbaumuseum Oppenheim

Aktivitäten: Hallenbad; Segelflugplatz; Rundwanderweg direkt durch die Oppenheimer Gemarkung (3–4 Std.); Weinlehrpfad (Oppenheimer Krötenbrunnen); Wanderungen über die Rheinhöhen (Fernblick übers Rheintal).

Veranstaltungen: Oster- und Künstlermarkt; Wäldcheskerb (Pfingsten); Theater-Festspiele auf der Burgruine Landskron (Sept./Okt.); Weinfest (2. Aug.-Wochenende); Katharinenmarkt (3. Okt.-Wochenende); Weihnachtsmarkt (Dez.).

ⓘ Tourist- und Festspielbüro, Merianstr. 2,
55276 Oppenheim,
Tel. 06133/490914, Fax 06133/490929,
www.stadt-oppenheim.de

SPECIAL

Weinbrüder

In Oppenheim wurde 1970 die Weinbruderschaft Rheinhessen gegründet, eine ideelle Vereinigung von Freunden des rheinhessischen Weines aus allen Berufen und Bevölkerungsschichten. Selbst gestellte Aufgaben sind Weinehrlichkeit und Kontakt zu anderen Weinbruderschaften. Der Wahlspruch lautet ›In vino salvatio‹ (Im Wein liegt die Erlösung, d. h. der Wein erlöst von der Härte des Lebens). Das Symbol ist die Oppenheimer Rose der St. Katharinenkirche. Die Weinbruderschaft tritt vor allem für trockenen Wein, für Silvaner als Traditionssorte Rheinhessens, die Erhaltung der Weinberghäuschen und die Wiedereinpflanzung der Effe (Ulme) als Rheinhessens typischen Baum ein.

Nicht nur Medienzentrum

Vor 2000 Jahren hatten die Römer Mainz gegründet. ›Mogontiacum‹ entwickelte sich rasch zum militärischen und zivilen Zentrum der Region. Auch ein Theater gehörte dazu, das hinreichend Platz bot. Um 1400 wurde in dem traditionsreichen Bischofssitz der Erfinder des Buchdrucks, Johannes Gutenberg, geboren. Und heute gilt die rheinland-pfälzische Landeshauptstadt als Medienzentrum, weil sie gleich mehrere Fernseh- und Radiosender beherbergt und etliche Firmen drum herum.

Bei der Produktion vom ZDF-Fernsehgarten auf dem Lerchenberg kann man im Sommer live dabei sein – hier eine Show mit Lou Bega.

▲ Mainz: Machtvoll überragt der Dom ...

▼ ... die festfreudige Stadt

▼ Aus der Gotik stammt der Kreuzgang

◄ Der Dom im Detail: Chorgestühl aus dem Barock ▲ Kuppelfresko von St. Ignaz

▲ Altstadtbummel durch die Augustinerstraße ▼ Einfach glänzend, die Augustinerkirche

Noch 1960 fuhren Mainzer nur deshalb ins benachbarte Wiesbaden über den Rhein, um wieder einmal eine unzerstörte Stadt zu sehen. Wiesbaden, Landeshauptstadt und früher ein Zentrum der amerikanischen Besatzungszone, war von Kriegszerstörungen verschont geblieben. Und umgekehrt zog es Wiesbadener zur Fastnachtszeit nach Mainz, um sich von den Trümmern erschrecken zu lassen und zugleich festzustellen, dass die Wüstenei keineswegs die Mainzer Fastnachtsfreude beeinträchtigte. Im mehrheitlich evangelischen Wiesbaden spielt die Fastnacht keineswegs eine solch überragende Rolle wie im katholischen Mainz.

Neufindung links des Rheins

Das ist längst vorbei. Mainz ist wieder aufgebaut, und auch der Dom und die Altstadt haben längst ihre Restaurierung gefeiert, eine Restaurierung, die viel Beifall gefunden hat. Eine wesentliche Folge des Kriegs ist aber geblieben: die Amputation der rechtsrheinischen Industrievororte Amöneburg, Kastel, Kastheim, Gustavsburg, Bischofsheim und Ginsheim. Sie wurden zuerst der amerikanischen Zone und später Wiesbaden/Hessen zugeschlagen. Das linksrheinische Mainz war französisch besetzt. Neue Wirtschaftsbetriebe in Mainz haben aber für Ausgleich gesorgt, obwohl die Stadtväter immer noch streiten.

Eine Folge des Kriegs war auch die Neugründung der Mainzer Universität; denn es waren französische Besatzungsoffiziere, die sich dafür einsetzten. Schon im Mai 1946 begann der Vorlesungsbetrieb. Der seinerzeitige französische Stadtkommandant, ein Elsässer, erhielt für sein Engagement die Mainzer Ehrenbürgerschaft.

Die Wahrzeichen

Heute hat Mainz zwei Wahrzeichen. Das kleine ist der Fastnachtsbrunnen und das große der Dom, der selbst den ungläubigen Philosophen Schopenhauer tief beeindruckte. Erzbischof Willigis, der zugleich Erzkanzler des Deutschen Reichs war, initiierte 975 die Errichtung des Doms. Sein Vorbild war Alt St. Peter in Rom. Sieben Königskrönungen fanden im Lauf der

▲ Treffpunkt Marktplatz: an der tausendjährigen Heunensäule, ...

▲ Konsequent modern: Mainzer Rathaus

▲ ... und in einladenden Cafés

▼ ... beim Straßenmaler ...

▲ Bonifatius wacht über den Wochenmarkt

▼ Renaissance: der Marktbrunnen

Jahrhunderte im Mainzer Dom statt. Allerdings überstand der Neubau den Tag der Weihe im August 1009 nicht. Ein Brand zerstörte das Bauwerk. Es konnte erst 1036 erneut genutzt werden. Willigis wurde in St. Stephan beigesetzt. Aus seiner Zeit stammt das älteste erhaltene Ausstattungsstück der romanischen Pfeilerbasilika: die bronzenen Flügel des Marktportals. Die Inschrift weist auf den Erbauer und den Künstler hin.

Drei Schiffe hat der Mainzer Dom, zwei Chöre und zahlreiche Kapellenanbauten. Und noch immer wird er durch eine fast vollständige Umbauung eingefasst. Das im Lauf der Geschichte gewachsene ›Domgebirge‹ aus rot gefärbtem Sandstein bildet einen Kontrast zur in hellem Sandstein hervortretenden Gotthardkapelle aus dem 12. Jahrhundert, die ein Kruzifix aus der Stauferzeit aufbewahrt.

Die Bischofsstadt

Die Domstadt ist heute Sitz eines Kardinals, der Vorsitzender der Deutschen Bischofskonferenz ist. Diese Bischofstradition ist lang, ruhmreich und reicht bis ins frühe Mittelalter. Um 746 übernahm Bonifatius, der Apostel der Deutschen, seit 732 Erzbischof für Germanien, das Mainzer Bistum. Ein Jahrhundert später wurde der in Mainz geborene Theologe Hrabanus Maurus Mainzer Erzbischof, ein berühmter Kirchenlehrer seiner Zeit. Erzbischof Willigis krönte im Dom 1002 den späteren, den letzten Sachsenkaiser, Heinrich II., zum deutschen König – nur ein paar Beispiele für die Bedeutung und den Einfluss der Mainzer Erzbischöfe. Ihre Macht wurde noch größer, als sie als Kurfürsten von Mainz auch bei den Königswahlen mitbestimmten. Die ursprünglich geistliche Macht wurde zur weltlichen, und Mainz entsprechend machtvoll ausgebaut.

Von 1850 bis 1877 hatte Wilhelm Emmanuel Freiherr von Ketteler das Mainzer Bischofsamt inne. Als ›Sozialbischof‹ ist er in die Kirchen- wie in die antimarxistische Sozialgeschichte eingegangen.

Das ›goldene‹ Mainz

Auf die Macht und den Reichtum des erzbischöflichen Mainz im Mittelalter zurück geht wohl auch der Beiname

▲ Das Haus zum Römischen Kaiser ist Sitz des Gutenberg-Museums ...

▲ Goldenes Marstall-Ross

▲ Mosaik aus S. Vitale ...

▼ ... zur Geschichte der Druckkunst

▲ In dem barocken Deutschhaus ›residiert‹ heute der rheinland-pfälzische Landtag

▲ ... und Römerfunde im Römisch-Germanischen Zentralmuseum ...

▼ ... im alten Schloss

›goldene‹ Stadt. Bereits im 11. Jahrhundert rühmten Chronisten das ›goldene Mainz‹. 1118 verlieh Erzbischof Adalbert den Mainzern erste Freiheitsprivilegien: Sie unterlagen fortan keiner fremden Gerichtsbarkeit und Steuerhoheit. Das ist in der Dompforte am Markt eingraviert.

Andere rühmen, dass die Sonne den rötlichen Sandstein der Stadtkulisse zum goldenen Leuchten bringt. Und der 50. Breitengrad, der durch Mainz läuft, ist auf dem Gutenbergplatz golden markiert.

SPECIAL

Johannes Gutenberg

Unter den freiheitlichen Mainzer Verhältnissen konnte sich auch das Handwerk erfindungsreich entwickeln, beispielsweise der Buchdruck durch Johannes Gutenberg. An den wohl berühmtesten Mainzer erinnert das Gutenberg-Museum. Gutenberg (um 1400–1468), eigentlich Gensfleisch zu Laden, war der Sohn eines Mainzer Patriziers und erlernte zunächst die Goldschmiedekunst. Seine Erfindung, der Buchdruck mit beweglichen Metall-Lettern, ist eines der wichtigsten Ereignisse der Technikgeschichte. Seine Bedeutung wird heute noch höher eingeschätzt als in früheren Zeiten. Das zu Gutenbergs 500. Geburtstag gegründete Museum wurde inzwischen geadelt, es bezeichnet sich selbst als weltweit bekanntes Spezialmuseum der Schrift und der Druckkunst.

Die Medienstadt

Der moderne Gegenpol liegt in Mainz-Lerchenberg, einem Zentrum heutiger Kommunikationssysteme. Hier residieren das ZDF und Abteilungen von Privatsendern. Ein Funkhaus des Südwestrundfunks steht in Hartenberg. Die Trabantensiedlung Lerchenberg wird von dem in den 1970er-Jahren erbauten scheibenförmigen Verwaltungs- und Redaktionshaus des ZDF beherrscht. Seine große, auch für Ausstellungen genutzte Eingangshalle besitzt ein Wandgemälde des vor allem als Glasmaler bedeutenden Georg Meistermann. Kontrast zu dem kubischen Verwaltungsgebäude bildet das zehn Jahre später, 1984, fertig gestellte Sendezentrum: ein riesiger, aus Kreissegmenten zusammengesetzter Rundbau.

▲ Mainzer Johannisnacht: Höhenflüge

▶ Der Fastnachtsbrunnen

▲ Auch das Fischerstechen ...

▼ ... gehört zum Johannisnacht-Treiben

▲ *Spaß vom Paddeln auf dem Rhein ...* ▼ *... bis zum Swing im Fernsehgarten*

Das ZDF öffnet interessierten Besuchern seine Pforten: Im Jahr 2004 blickten 50 554 von ihnen gespannt hinter die Kulissen des Senders. Verdient macht sich das ZDF auch um die Literatur: Seit 1984 vergibt es gemeinsam mit der Stadt Mainz den Mainzer Stadtschreiberpreis. Schriftsteller werden so gewürdigt, die die deutschsprachige Literatur prägen und die sich zudem um ›das Zusammenwirken von Literatur und Fernsehen bemühen‹.

SPECIAL

Wann gegründet?

Der Weg von der Römer- zur Medienstadt über das ›goldene‹ Mainz des Mittelalters ist spannend und abenteuerlich. Die Eroberungszüge der Römer lagen im letzten vorchristlichen Jahrhundert, und gegen Ende des Jahrhunderts gründeten sie ihre Städte: Trier um 16 v. Chr., Mainz um 13 v. Chr. und so fort. Kempten im Allgäu rühmt sich aufgrund einer Urkunde, die älteste Römerstadt zu sein, Köln verweist auf seine römischen Steinbauten als eigentliches Signum einer Stadt.

Der Luxemburger Römerexperte Ch. M. Ternes spottete, die deutschen Städte hielten es ganz anders als die Frauen: Jede wolle die älteste sein. Der Streit deutscher Städte darum, wer denn die älteste sei, ist in der Tat ziemlich lächerlich. Als ob ein paar Jahre etwas ausmachen angesichts von über 2000.

Volksfeste für Tausende

Mainz feiert nicht nur zur Fastnacht ein großes fröhliches Fest mit schillernd buntem Rosenmontagszug. Es gibt noch zwei Volksfeste, die, obwohl weitaus weniger bekannt, dennoch Tausende von Besuchern anlocken. In der City und am Rheinufer wird die Johannisnacht gefeiert. Der Name klingt so, als ob der heilige Johannes geehrt werden sollte – diese Art der Namensfeste gibt es im Rheinland zuhauf. Aber das Mainzer Johannisfest ist als lockere Widmung an Johannes Gutenberg gedacht. Ein weiteres Volksfest ist der Weinmarkt im idyllischen Stadtpark, wo das Nationalgetränk der Mainzer in beschaulicher Atmosphäre gekostet werden kann. Die Kollektion der Weinsorten ist ›unendlich‹.

MAINZ
MAINZ-KASTEL (zu Wiesbaden)
MAINZ-KASTEL
KASTEL (zu Wiesb.)
Mz.-Kastel
MZ-Hbf.
Mz. Süd
1 Am Nickelsbo
2 Nickolausstr.
3 Neustr.
4 Grohanlage
5 Frühlingstr.
6 Am Pförtchen
7 Rochusplatz
8 Kleine Kirchenstr.
9 Schwanengasse
10 Große Kirchenstr.
A Kronenga
B Josefiner
C Kronenst
D Kloberstr
in S34:
1 Spitalgasse
2 Am Alten Kaufhaus
1 Czerny-weg
2 Linden-schmitstr.
1 Ludwig-Bamberger-Str.
2 Theresianumweg
Schillerplatz
54-57 60-63
71 90-92
50 51 52
6,9,54-58
60-66,68,69,71,
90-92,99,610,
620,650,652
Rhein
Rheinallee
Kaiserstr.
Große Bleiche
Parcusstr.
Binger Str.
Saarstr.
Mombacher Str.
Kaiser-Wilhelm-Ring
Augustusstr.
Pariser Str.
Geschwister-Scholl-Str.
Hechtsheimer Str.
An der Goldgrube
Am Stiftswingert
Göttelmann
Weisenauer Str.
Dagobertstr.
Th.-Heuss-Brücke
Eisenbahn-Philipps-
Wiesbadener Str.
Boelckestr.
Untere Zahlbacher Str.
Langenbeckstr.
An der Philippsschanze
Mühlweg
Kaiser-Karl-Ring
Barbarossaring
Zoll u. Binnenhafen
Am Getreidespeicher
Feldbergtor
Frauenlobtor
Kaisertor
Raimundितor
Schloßtor
Brückentor
Rotes Tor
Holztor
Dagoberttor
Winterhafen
Victor-Hugo-Ufer
Stadtpark
Zitadelle
Güterbahnhof
Jüd. Friedhof
Hauptfriedhf.
Krematorium
ZAHLBACH
EBERTSIEDL.
Universitäts-kliniken
Landesmus.
Museum
Kaiserstr.
Neustadt
40
43
70
71
S8
L419
L424
K5
K6
K7

Infos

Geschichte und Allgemeines

Die rheinland-pfälzische Landeshauptstadt (ca. 200 000 Einw.) breitet sich über beide Rheinufer aus. Der Kernbereich liegt auf linksrheinischem Gebiet; die rechtsrheinischen Vororte gehören verwaltungsmäßig zu Wiesbaden, der hessischen Landeshauptstadt. Wirtschaftliches Kennzeichen ist die Branchenvielfalt; namhafte Großunternehmen sind Novo Norisk, Schott-Glas, Nestlé, Erdal, IBM, Siemens oder BFE, Europas größter Studiohersteller. In Mainz sind ca. 650 Medienunternehmen ansässig mit etwa 17 000 Beschäftigten.

Geschichte im Überblick: Um 38 v. Chr. erreichten die Römer den Rhein. 13–12 v. Chr. errichteten sie ihr Doppellegionslager auf dem Kästrich. Um 345 n. Chr. hielt das Christentum in Mainz Einzug. Nach 400 wurde Mainz fränkisch. 746 übernahm Bonifatius (Apostel der Deutschen) das Bistum Mainz. Unter seinem Nachfolger Lullus (754–786) wurde die Erzbischofswürde fest mit Mainz verbunden. In der Folge waren die Mainzer Erzbischof als Primas Germaniae und Erzkanzler des Kaisers vom Deutschen Reich. 1118 Erste Freiheitsprivilegien. 1244 Stadtfreiheit. 1462 Verlust der Stadtfreiheit durch Erzbischof Johann von Nassau. Mainz wurde Residenzstadt ohne Selbstverwaltung. 1477 wurde die Universität gegründet. 1792/93 Mainzer Republik. 1798–1814 gehörte Mainz zu Frankreich. Ab 1815 war es Festung des Deutschen Bundes. 1826 Gründung der Dampfschifffahrtsgesellschaft für den Mittelrhein: Beginn des Fremdenverkehrs. 1837/38 Beginn der organisierten Fastnacht mit der Mainzer Ranzengarde und dem Mainzer Carneval-Verein. Ab 1873 Reichsfestung. 1904 Auflassung der inneren Festungswerke. Nach 1918 Beseitigung sämtlicher Befestigungsanlagen. Zweiter Weltkrieg: 80-prozentige Zerstörung der Innenstadt. 1945 Abtrennung der rechtsrheinischen Stadtteile (51 Prozent des Stadtgebiets) durch die amerikanische Militärverwaltung. 1946 Wiedereröffnung der Hochschule als Johannes-Gutenberg-Universität. 1950 wurde Mainz Hauptstadt von Rheinland-Pfalz, 1962 Sitz des Zweiten Deutschen Fernsehens (ZDF) im neu gegründeten Stadtteil Lerchenberg. 1995 Abschluss der Sanierungsarbeiten der Theodor-Heuss-Brücke. 1998 Deutscher Katholikentag. 2000 Einweihung der Handwerkskammer (Kunsthandwerk-Ausstellungen) in einer ehemaligen Lampenfabrik (1899), Dagobert-/Neutorstraße.

ⓘ Touristik Centrale Mainz, Brückenturm am Rathaus, 55116 Mainz, Tel. 0 6131/28 62 10, Fax 0 6131/28 62 155, www.mainz.de und www.info-mainz.de/tourist

Am Rathaus: ›Lebenskraft‹ (1982) von A. Alfaro

TIPP

Fernsehgarten: live dabei

An jedem Sonntag von Anfang Juli bis Ende August kann man beim ZDF-Fernsehgarten hinter die Kulissen des Showbusiness schauen und live in der Sendung dabei sein. Seit 1986 findet die große Gute-Laune-Party für alle auf dem Lerchenberg statt. Locker und frisch, witzig, spritzig und mit Pfiff unterhält sie die ganze Familie. Zu Informationen und Tipps rund um die unterschiedlichsten Themen gibt's spannende Aktionen, Artistik und viel, viel Musik – von Schlager über Pop bis hin zu Musicals. Kartenbestellung nur schriftlich: ZDF-Zuschauer-Redaktion, 55100 Mainz, oder online über www.zdf.de.

Maßstab 1:12 500 (0 – 150 – 300 – 450 – 600 m)

Sehenswürdigkeiten

Rund ums Rathaus: Was sehenswert ist, liegt in Mainz relativ dicht beieinander. Drei bis vier Stunden muss man für einen Rundgang allerdings rechnen, es sei denn, man will die wichtigsten Sehenswürdigkeiten auch von innen sehen. Am besten beginnt man zentral am **Rathaus** ❶, einem modernen, fast fensterlosen Bau, errichtet 1970–1973 nach Entwürfen der Architekten Arne Jacobsen und Otto Weitling. Er steht unmittelbar am Rhein, am Adenauerufer. Dort befindet sich auch die **Rheingoldhalle** ❷, Veranstaltungs- und Kongresszentrum (1965–1968), in dem auch große Karnevalssitzungen stattfinden. Für Herbst 2006 ist die Fertigstellung des Erweiterungsbaus geplant, der viel Platz bieten wird. Der **Eisenturm** ❸ wurde um 1240 als Teil der Stadtbefestigung gebaut. Im **Haus zum Römischen Kaiser** ❹, einem Spätrenaissance-Bürgerhaus, das im 17. Jh. als reichstes der Stadt galt und Vorbild späterer Adelspalais war, ist das Gutenberg-Museum untergebracht (siehe Museen). Am Domplatz die **Galerie der Stadt Mainz**, das Künstlerzentrum mit Ausstellungen (Markt 11).

TOP ZIEL **Dom St. Martin und St. Stephan** ❺: Zusammen mit dem Dom zu Speyer ist er der früheste monumentale Gewölbebau in Deutschland, 975 von Erzbischof Willigis begonnen und 1239 vollendet; Brände verlängerten die Bauzeit. Die Grundsubstanz der dreischiffigen Pfeilerbasilika mit Ost- und Westchor und vielen Kapellenanbauten geht auf die Romanik zurück. Vor allem die Westfront vermittelt den Eindruck des burgartigen Kirchenbaus. Das älteste Ausstattungsstück sind die Bronzetüren des **Marktportals**. Die Inschrift dieses zeremonialen Tors weist auf den Erbauer Erzbischof Willigis (975–1011) und den Künstler hin.

Im Innern zahlreiche **Grabdenkmäler** vom 11. bis 20. Jh. Viele davon sind an den Pfeilern und Wänden der Kirche und des Kreuzgangs angebracht. Die häufig idealisierten Darstellungen der kirchlichen Würdenträger spiegeln die Geschichte des Bistums Mainz. Ihre Vollständigkeit und ihr guter Erhaltungsgrad machen diese Porträtgalerie zu einer der wichtigsten Sehenswürdigkeiten in diesem altehrwürdigen Gotteshaus.

Der Ostchor mit seinen über zwei Meter dicken Mauern, entstanden zwischen 1081 und 1137, ist der älteste Teil des Doms. Er ist St. Stephan geweiht. Der spätromanische Westchor wurde um 1183 begonnen und 1239 fertig gestellt. Er birgt den **Hauptaltar St. Martin** – daher der Doppelname der Kirche. ›**Schöne Mainzerin**‹ nennt man die Maria im Schrein des Marienaltars (17. Jh.) der Kettelerkapelle. In der romanischen **Gotthardkapelle**, die Erzbischof Adalbert vor 1137 als Hauptkapelle der Erzbischöfe errichtete, wird ein **Kruzifix** aus der Stauferzeit aufbewahrt. Der Vierungsturm erhielt im 15. Jh. eine gotische Glockenstube. Der **Kreuzgang** (um 1400) ist zweigeschossig. In den angegliederten Stiftsgebäuden lebten früher die Domherren.

Altstadt: Die vielen Fußgängerzonen in Mainz sind für Rundgänge außerordentlich günstig. Über die Rathausbrücke und die Fußgängerstraße Am Brand geht es zum **Marktplatz** ❻ mit dem **Marktbrunnen** (1526), einem der ältesten deutschen Renaissance-Brunnen. Dort steht auch die rund 1000 Jahre alte

Die ›Schöne Mainzerin‹ – Mittelpunkt des Marienaltars aus der Kettelerkapelle im Dom

Heunensäule. Die alten Häuser am Marktplatz wurden restauriert. Vom Marktplatz ist es nicht weit zum **Dom,** hinter dem sich die Altstadt (Fußgängerzone) mit ihren Gassen und Fachwerkbauten ausbreitet.

Erkennbar an ihrer schmucken Barockfassade ist die **Augustinerkirche** 7 an der Augustinerstraße. Hinter dem roten Sandsteinportal gibt ein moderner gläserner Eingang den Blick auf die Pracht barocker Innenarchitektur frei. Die Kirche blieb im Zweiten Weltkrieg fast unversehrt und zeigt ihr Inneres im Originalzustand. Die Hallenkirche wurde ab 1768 errichtet, die **Deckengemälde** verherrlichen das Leben des hl. Augustinus. Zwischen den südlichen Seitenaltären steht die gotische Lindenholzskulptur **Maria mit dem Jesusknaben,** ein hochverehrtes Gnadenbild (werktags 8.00–17.00, Sa., So. 9.00–17.00 Uhr).

Ecke Weintorstraße stößt man auf das **Haus zum Stein** 8. Der Bau der Romanik ist das älteste historische Wohnhaus der Mainzer Altstadt (siehe Museen). Ganz in der Nähe die Rokokokirche **St. Ignaz** 9, und etwas weiter in der Neutorstraße die ehemalige Eisenbahnreparaturwerkstatt, später **Markthalle** 10 (siehe Museen). Der **Holzturm** 11 an der Rheinstraße, restaurierter Torturm der alten Stadtbefestigung, war das letzte Quartier des Schinderhannes; hier nahm der legendäre Räuber aus dem Hunsrück auch seine Henkersmahlzeit ein.

Bischofs-, Gutenberg- und Schillerplatz: Westl. der Altstadt befinden sich das **Bischöfliche Ordinariat** 12, ein barocker Hufeisenbau (1741), die **Johanniskirche** 13 mit dem spätgotischen Westchor und am Gutenbergplatz das **Gutenbergdenkmal** 14. Vom Gutenbergplatz geht westlich die Ludwigstraße (Fußgängerzone) ab. Am Schillerplatz trifft man den **Fastnachtsbrunnen** 15 (1967) mit seinen zahlreichen Motiven und Figuren der Mainzer Fastnacht, gerahmt von **Osteiner-** und **Bassenheimer Hof,** einst Adelshöfe (Mitte 18. Jh.), jetzt Behördensitze.

St. Stephan: Am Rand des Fußgängerbezirks liegt die ehem. Stiftskirche **St. Stephan** 16 (um 1340 beendet, wohl auf den Fundamenten des Gründungsbaus von 990), die älteste gotische Hallenkirche am Mittelrhein, klar gegliedert in drei Schiffe, deren gotische Gewölbe auch heute noch nicht wieder hergestellt sind. Der Wiederaufbau und die Restaurierung der im Zweiten Weltkrieg fast völlig zerstörten Kirche brachten zugleich ihre Neubelebung. Denn zu den blau leuchtenden **Glasfenstern von Marc Chagall** in Ostchor und Querhaus pilgern rund 200 000 Besucher pro Jahr. St. Stephan ist die einzige deutsche Kirche, für die der jüdische Künstler Fenster schuf, das erste 1978 im Alter von 91 Jahren, die letzten bis 1985. Durch die Buntverglasung fällt blaues Licht in den Kirchenraum, und in diesem bewegen sich schwerelos Chagalls alttestamentarische Gestalten. Der **Kreuzgang** gilt als der schönste spätgotische Kreuzgang von Rheinland-Pfalz (Mo.–Sa. 10.00–12.00 und 14.00–17.00, Dez. und Jan. bis 16.30, So. 14.00–17.00 Uhr).

Alte Universität: Nördl. des Doms, über die Schusterstraße, erreicht man die **Alte Universität** 17, den ersten Mainzer Universitätsbau (1615–1618), den **Knebelschen Hof** 18 (1588–1598) mit einem Renaissance-Erker und die Kirchen St. Quintin und St. Christoph. **St. Quintin** 19 (um 1300) ist eine gotische Hallenkirche mit innen reich verzierter Rokoko-Kanzel und einem großen Altargemälde von Franz Anton Maulpertsch (1758). **St. Christoph** 20 ist eine als Denkmal erhaltene Kirchenruine. An der Karmeliterstraße steht die **Karmeliter-Kirche** 21, eine Basilika (1350–1400), die seit 1924 wieder mit den Klostergebäuden dem Karmeliterorden gehört.

Das Bischöfliche Dom- und Diözesanmuseum

Regierungsviertel: Am **Naturhistorischen Museum** 22 (siehe Museen) vorbei, liegt zwischen Deutschhausplatz und Peter-Altmeier-Allee das Ensemble von **Deutschhaus** 23, einst Deutschordenshaus (1739), heute Landtagsgebäude, **Neuem Zeughaus** (1740), heute Amtssitz des Ministerpräsidenten, und **Altem Zeughaus** (1604), kriegszerstört und originalgetreu wieder aufgebaut.

Als schönste Barockkirche in Mainz gilt die ›elegante‹ Pfarrkirche **St. Peter** 24 (1752 bis 1776), unverkennbar durch ihre Zwiebelturm-Zwillinge. Im Zweiten Weltkrieg wurde ihr Inneres teilweise zerstört. Altäre und die Kanzel blieben aber erhalten. Nach über 10-jähriger Restaurierung erstrahlt seit 1989 die Pracht des Rokoko wieder in hellem Goldglanz. Die umfangreichen Malereien stellen Szenen aus dem Leben und den Legenden des hl. Petrus dar. Das ehemalige **Kurfürstliche Schloss** 25 stammt mit seinem ältesten Flügel aus dem 17. Jh. Im Ostflügel ist das Römisch-Germanische Zentralmuseum (siehe Museen) untergebracht. Benachbart Nachbildungen römischer Funde: der **Dativius-Victor-Bogen** und die **Jupitersäule.** Die Originale sind im Landesmuseum (siehe Museen) in der ehemaligen **Golden-Ross-Kaserne** 26, in die der Kurfürstliche Marstall integriert war, zu sehen. Weithin grüßt von der Kaiserstraße die 80 Meter hohe, kupfergedeckte Kuppel der um 1900 erbauten **Christuskirche** 27.

Rund ums Zentrum: Zur Mainzer Neustadt hin führt vom Feldbergplatz über die Rheinallee eine **Grüne Brücke** 28, die der Umweltkünstler Dieter Magnus gebaut hat. Im **Stadtpark** 29 stand einst das Kurfürstliche Lustschlösschen Favorite – und auch die Guillotine, mit der u. a. der Räuberhauptmann Schinderhannes 1803 hingerichtet wurde.

Museen

TOP ZIEL **Gutenberg-Museum** 4: Das renommierte Spezialmuseum der Schrift und Druckkunst wurde von Mainzer Bürgern im Jahr 1900 anlässlich des 500. Geburtstags von Johannes Gutenberg eröffnet. Auf 2700 m² Ausstellungsfläche sind Handschriften, historische Drucke, Druckpressen und Setzmaschinen früherer Epochen zu sehen. Besondere Kostbarkeiten sind die 42-zeiligen Gutenberg-Bibeln. Zu den weiteren Schätzen zählt eine Rekonstruktion der alten Druckerstube mit benutzbarer Presse (Liebfrauenplatz 5, www.gutenberg.de; Di.–Sa. 9.00–17.00, So. 11.00 bis 15.00 Uhr; Vorführungen an der Gutenberg-Presse in der Werkstatt).

In dem Erweiterungsbau hat das Gutenberg-Museum einen ›Druckladen‹. Gruppen und Einzelpersonen können hier selber zum Setzer werden und an historischen Pressen drucken, können Hoch- und Tiefdruck kennen lernen und den Blick für die Druckkunst schärfen (Seilergasse 1, Tel. 06131/122686, www.druckladen. mainz.de; Mo.–Fr. 9.00 bis 17.00, Sa. 10.00 bis 15.00, 1. Do. im Monat bis 20.00 Uhr; Werkstattgebühr).

Bischöfliches Dom- und Diözesanmuseum: Kostbare Kirchenkunst aus vielen Epochen 6 (Domstr. 3, www.dommuseum-mainz.de, Di.–So. 10.00–17.00 Uhr).

Stadthistorisches Museum Mainz: Stücke zum jüdischen Mainz und zur Wirtschaftsgeschichte der Stadt im 19. und frühen 20. Jh. (Zitadelle, Bau D; Fr. 14.00 bis 17.00, Sa., So. 11.00–17.00 Uhr).

Museum für Antike Schiffahrt: Bei Arbeiten für den Erweiterungsbau des Hilton-Hotels wurden 1981 ca. 7,50 m unter dem heutigen Straßenniveau elf spätantike Schiffswracks gefunden; fünf von ihnen sind ausgestellt.

TIPP

Prickelnde Zutat

Auf den Spuren der Geschichte des ›moussierenden Weines‹ können sich Besucher im Kupferberg-Museum bewegen. Das Museum ist mitten in der Stadt in einem schönen klassizistischen Gebäude beheimatet und zeigt eine weltweit einmalige Sammlung von Sekt- und Champagnergläsern. Es unterstreicht damit die Mainzer Sekttradition. Denn in Mainz liegen die Ursprünge der berühmtesten deutschen Sektkellereien. Die Keller selbst mit ihren sieben Stockwerken, zum Teil noch römischen Ursprungs, gelten als die am tiefsten geschichteten der Welt. Kupferbergterrasse 17–19, Tel. 06131/9230, Fax 923222, Führung mit Sektprobe nach Vereinbarung.

Politiker im Visier auf der Mainzer Fastnacht

Die Wracks lagen unmittelbar vor der Stadtmauer des römischen Mainz, offenbar in einem stillgelegten Teil des Hafens. Es handelt sich um Militärschiffe, Patrouillenboote und schnelle Truppentransporter. Bereits 260 n. Chr. waren die römischen Truppen aus dem rechtsrheinischen Teil Obergermaniens abgezogen worden; der Rhein bildete die gefährdete Grenze 10 (Neutorstr. 2b, www.rgzm.de; Di.–So. 10.00–18.00 Uhr).

Naturhistorisches Museum: Das größte Naturkundemuseum in Rheinland-Pfalz besitzt interessante Sammlungen und Präparate 22 (Reichklarastr. 1; Di. 10.00–20.00, Mi. 10.00–14.00, Do.–So. 10.00–17.00 Uhr).

Römisch-Germanisches Zentralmuseum: Die Abteilungen geben einen lückenlosen Überblick über die wichtigsten Funde und Kunstgegenstände der Vor- und Frühgeschichte Europas, der römischen Kultur in Deutschland und der germanischen Epoche bis zur Zeit Karls des Großen 25 (Kurfürstliches Schloss, Ernst-Ludwig-Platz 2; Di.–So. 10.00–18.00 Uhr).

Landesmuseum: Römische Denkmäler, aber auch Gemälde und Skulpturen, Glas, Porzellan, Möbel aller Epochen prägen das Museum und seinen atmosphärischen Steinsaal 26 (Große Bleiche 49; Di. 10.00–20.00, Mi.–So. 10.00–17.00 Uhr).

Sektkellerei Kupferberg: Sekt-Museum 30 (siehe Tipp).

Deutsches Kabarettarchiv: Die einzige umfassende Sammlung im deutschsprachigen Raum zu Kabarett und Kleinkunst seit der ›Geburt‹ des Kabaretts in Berlin 1901 31 (Neue Universitätsstraße 2, Tel. 06131/144730, Fax 06131/231675, www.kabarett.de; Nutzung nach Vereinbarung).

Kultur

Theater: Das **Staatstheater** bietet drei Sparten, Oper, Operette und Schauspiel, in drei Häusern: Großes Haus (Gutenbergplatz 7, Tel. 06131/2851222, www.staatstheater-mainz.de), Kleines Haus (Tritonplatz, Tel. 06131/2851371), TIC (Spritzengasse 4, Tel. 06131/233952). Forum zeitgenössischer Dramatik sind die **Kammerspiele** (Fort Malakoff-Park, Rheinstr. 4, Tel. 06131/225002, Fax 06131/225004, www.mainzer-kammerspiele.de).

Kabarett/Kleinkunst: Kabarett, Comedy und Kleinkunst auf der Bühne vom **Unterhaus** (Münsterstr. 7, Tel. 06131/232121, www.unterhaus-mainz.de). **Alte Patrone**, Kunstquartier (Am Judensand 63, Tel. 06131/466648).

Kulturzentrum: Konzerte (Klassik, Jazz, Folklore), Bälle, Theater, Ausstellungen im **Frankfurter Hof** (Augustinerstr. 55, Tel. 06131/220438, Fax 06131/227029, www.frankfurter-hof-mainz.de).

Musik: Sinfonie-Konzertreihen finden in der **Rheingoldhalle** (Infos zu Veranstaltungen allg. Tel. 06131/242113, www.ccmainz.de) statt. Besonderen Platz unter den Kirchenkonzerten nehmen die Bach-Aufführungen in der **Christuskirche** ein.

Szene: Konzerte und Jugendpartys im **KUZ** (Dagobertstr. 20b, Tel. 06131/286860). Diskothek ›Euro Palace‹ in Mainz-Kastel (Peter-Sander-Str. 29, Tel. 06134/230411).

Spielbank: Klassisches Spiel tgl. ab 19.00 Uhr, Automatenspiel tgl. ab 12.00 Uhr (Rheinstr. 68, Tel. 06131/289380, www.spielbank-mainz.com).

Shopping, Restaurants

Altstadt: Die Altstadt mit ihren Boutiquen, Galerien, Weinlokalen und kleinen Restaurants ist ein idealer Ort zum Bummeln, Einkaufen und Einkehren.

Veranstaltungen

Fastnacht: Rosenmontagszug, Kindermaskenzug, Fastnachtsbälle und Sitzungen auf der Straße, im Schloss u. in der Rheingoldhalle.

Großveranstaltungen: **Open-Ohr-Festival** (Pfingsten), Theater, Musik, Diskussion, Kabarett für junge Leute. **Johannisnacht** am Rheinufer und in der Innenstadt mit sieben Bühnen (Juni). **Altstadtfest** (Juli). **Weinmarkt** im Stadtpark (Aug./Sept.). **Weihnachtsmarkt**: Domplätze, Markt- und Liebfrauenplatz (Adventszeit).

Rheinschifffahrt: Karfreitag–Mitte Okt.

Im Land der tausend Rebhügel

Rheinhessen ist Deutschlands größtes Weinanbaugebiet. Ein Drittel der Fläche, oder gut 26 000 Hektar, sind mit Reben bepflanzt. Das entspricht etwa einem Viertel der gesamten deutschen Rebfläche. Wetterexperten rühmen außerdem, dass gemessen an der Zahl der Sonnenstunden Rheinhessen zu den wärmsten Regionen Deutschlands zählt. Das ist gut für Freunde des Weins und und ebenso für Weinberg-Wanderer. Einkehr hält man hier in ›Kuhkapellen‹ – einer rheinhessischen Besonderheit.

Feste rund um den Wein bestimmen Rheinhessens Veranstaltungskalender. Hier beim historischen Umzug vom Traubenblütenfest in Westhofen.

▲ ... Pfalzgrafenschloss ...

▼ Alzeyer Ansichten: Renaissance-Rathaus, ...

▼ ... und der einladende Rossmarkt ...

▲ Über diesen Grundmauern erhob sich Alzeys römisches Kastell

▲ Teil der Alzeyer Stadtbefestigung

▼ ... mit Brunnen des Pfälzer Bildhauers Gernot Rumpf

Rheinhessen, das linksrheinische Dreieck zwischen der Linie Bingen–Mainz im Norden und Worms im Süden, ist ein hügeliges Weinland. Mittendrin liegt Alzey, Namensgeber für das ›Alzeyer Hügelland‹.

Kulturreiche Reblandschaft

Alzey ist ein gutes Beispiel dafür, dass die kulturellen Traditionen Rheinhessens sich nicht nur in den großen Städten am Rhein entwickelten, also dort, wo die Haupt-Verkehrswege lagen. Die heutige Kreisstadt ist auf altem keltisch-römischem Siedlungsboden erbaut. Die spätgotische Nikolauskirche und das Pfalzgrafenschloss – im Jahr 1126 von dem Staufer Friedrich II. als Reichsburg begonnen und zwischen 1901 und 1903 zum letzten Mal in seiner jetzigen Form wieder aufgebaut – haben ihre Wurzeln im Mittelalter. Alte Kirchenarchitekturen, malerische Dorfwinkel, Gassen und Weinhöfe lohnen auch in den kleineren Orten weit jenseits vom Rhein das Verweilen, wie jeder sehen und erleben kann, der etwa mit dem Rad von Weindorf zu Weindorf fährt oder von Winzerhof zu Winzerhof wandert.

Eher flach, das Hügelland

Dabei stimmen Bezeichnungen wie die ›Rheinhessische Schweiz‹ und das ›Alzeyer Hügelland‹ tatsächlich nur hügelmäßig. Die höchste Erhebung Rheinhessens ist mit 320 Metern der Eichelberg bei Fürfeld südöstlich von Bad Münster am Stein. Das ist nicht gerade schweizerisch hoch, doch voller landschaftlicher Schönheit.

Ackerbau, im Wesentlichen Getreideanbau, wird hauptsächlich auf den höher gelegenen Flächen betrieben, Wein- und Obstanbau dagegen an den Talhängen sowie am Nord- beziehungsweise Ostabfall zum Rhein. Die Vorherrschaft des Weinanbaus belegt die Statistik: Man zählt 136 Gemeinden in Rheinhessen, davon 133 mit Weinbau, wenn auch nicht ausschließlich.

Stallbauten nach Klosterart

Um die Stallbauten statisch besser und weniger anfällig zu machen, was Brandgefahren angeht, führte der pfälzische Maurermeister Franz Ostermayer im

▲ Jungbullen messen ihre Kräfte – tierisches Landleben ...

▼ ... bei Mörsfeld in der Rheinhessischen Schweiz

▼ Wendelsheimer Dreschfest: Nach Jahrhunderten hinterm Pferdepflug ...

▼ ... kamen die ersten Traktoren

▲ Wöllstein am Ölberg, kein Berg, sondern ›Wegweiser‹ zur ehemaligen Ölmühle

▼ Wöllsteins alte Ölmühle ist heute eine Straußwirtschaft

19. Jahrhundert Kreuzgratgewölbe ein. Zum Vorbild hatte er sich ehemalige pfälzische Klosterrefektorien genommen, in denen mittlerweile Vieh gehalten wurde. Rheinhessische Experten griffen die Bauidee auf. Die großherzogliche Provinzialregierung schloss sich an und schlug vor, rheinhessische Maurermeister bei ihrem pfälzischen Kollegen in die Lehre zu schicken. Das geschah und führte zum Bau von Stallgebäuden mit Kreuzgratgewölben quer durch ganz Rheinhessen. Erst nach dem Jahre 1870 wurde dieser Baustil von preußischen Kappendecken abgelöst, für deren Stabilität damals neuartiger Baustahl sorgte.

SPECIAL

Die ›Kuhkapellen‹

Ab den 1970er-Jahren gaben die rheinhessischen Mischbetriebe die Milchviehwirtschaft schrittweise auf und stellten weitgehend auf den Weinbau um. Aus den ›Kuhkapellen‹ wurden durch Umbauten die ersten Straußwirtschaften und Weinprobierstuben. Dieser Umfunktionierungsprozess ist noch immer im Gang, denn man hat den touristischen Wert der einstigen ›Kuhkapellen‹ als rheinhessische Besonderheit und individuelle Alltagsarchitektur entdeckt. Etwa 300 gibt es heute in der Region. Die Interessengemeinschaft Rheinhessische Weingewölbe hat sich ihrer angenommen. Ihre Nutzung ist lange schon nicht mehr nur auf den Weinausschank und -verkauf beschränkt. Versammlungen, Ateliers, Konzerte und Kunstausstellungen, Hoffeste und besondere kulinarische Ereignisse – all das findet inzwischen in den ›Kuhkapellen‹ von damals statt.
Ein besonderes Musikerlebnis in den Rheinhessischen Kreuzgewölben ist die ›Klassik im Gewölbe‹, eine Konzertreihe mit klassischer Musik.

Handkäs' mit Musik

Wie jede Weinregion empfiehlt sich auch Rheinhessen durch seine Weinstuben und Straußwirtschaften. Die Letzteren sollen eine Erfindung Karls des Großen sein, der den Winzern den Ausschank ihrer eigenen Weine erlaubte. Das Zeichen für die Gäste war – und ist – ein geflochtener Strauß am Hofeingang.

▲ Flörsheim-Dalsheim: Wein bis an die Stadtmauer

▼ Trullo, Weinberghäuschen bei Flonheim

▲ Flörsheim-Dalsheim: Untertor

◄ Neu-Bamberg: Kandelpforte

▲ Flonheim: Evangelische Kirche … ▼ … und das Rathaus

▼ Armsheim

Ob nun in Gewölberäumen oder nicht, das Rustikale und Regionaltypische bestimmt die Gastronomie. Typisch sind die ›Backeskartoffeln‹, der ›Handkäs' mit Musik‹, der ›Spundekäs‹ und die ›Kartoffelsupp mit Quetschenkuche‹. Typisch rheinhessische Erzeugnisse sind auch der Spargel aus Ingelheim und Mainz-Finthen. Vor einigen Jahren haben sich im Mainzer ›Culinarium‹ Gastronomen zusammengeschlossen und die Förderung der regionalen Küche auf ihre Fahnen geschrieben. Ihr Motto: Produkte vom regionalen Markt, veredelt zubereitet und ›bezahlbar‹.

SPECIAL

Der ›Lach-Wein‹

Liebevoll hat der Dichter Carl Zuckmayer die Weine seiner rheinhessischen Heimat charakterisiert. Er schreibt in seinen Erinnerungen: ›Als ich im Jahre 1951 nach Amerika kam, überraschte mich ein bekannter New Yorker Weinkeller mit einer wirklich sachkundigen Auswahl rheinhessischer Weine, die er auf Lager führte und bekannt zu machen versuchte. Ich bin darüber erfreut, denn mit der Zeit, als Ergebnis vielfältiger Erfahrungen und Versuche, komme ich immer wieder mehr auf die Rheinhessenweine, nicht aus Lokalpatriotismus, weil sie Weine meiner Geburtheimat sind, sondern wegen der bei aller Fülle und Kraft ihnen innewohnenden Heiterkeit. Wir pflegten früher Weine, ganz unfachlich, rein stimmungsgemäß, einzuteilen in Gesprächs-Weine, Schweig-Weine, Streit-Weine, Grübel-Weine, Liebes-Weine und so weiter. Die Rheinhessen galten uns damals schon als Lach-Weine.‹

Deutschlands größter ›Weinberg‹

Rheinhessen ist mit seinen rund 26 200 Hektar Rebfläche das größte Weinanbaugebiet in Deutschland. Es besteht aus 434 Einzellagen, die in 24 Großlagen und drei Bereichen zusammengefasst sind: Bingen im Norden, Nierstein, das südlich von Mainz in der Mitte Rheinhessens liegt, und Wonnegau. Dieser Name hat nichts mit einem als wonnig empfundenen Wein zu tun, sondern wird auf die Vangionen zurückgeführt, einen germanischen Stamm, der einst bei Worms im rhein-

▲ Hier dreht sich alles um die Reben: maschinelle Weinlese mit dem Schmalspurschlepper ▼

▼ Historische Weinbergshütte, entdeckt bei Westhofen

▼ Trauben für Rotwein ...

▲ Wein, Wein und nochmal Wein

▼ Weinlese per Hand

▼ ... und Weißwein

hessischen Süden siedelte – so sehen es jedenfalls die Sprachforscher.

Quantität mit Qualität

Die rheinhessischen Winzer haben längst erkannt, dass zur Quantität auch die Qualität kommen muss, nach Möglichkeit auch die Spitzenqualität, um auf dem Markt bestehen zu können. Die Bemühungen der Winzer haben dazu geführt, dass ihr Wein heute in Deutschland der meistgetrunkene ist: Rund ein Viertel der Qualitätsweine auf dem deutschen Markt stammt aus Rheinhessen. Zuckmayers ›Lach-Wein‹ ist gefragt. Immer beliebter werden auch die rheinhessischen Weinbrände und der Winzersekt.

Rund 2,2 Millionen Hektoliter passieren jedes Jahr mit Erfolg die Qualitätsweinprüfung. 1992 wurde die ›Selection Rheinhessen‹ ins Leben gerufen, eine Auswahl von Weinen, an die ganz besondere Qualitätskriterien angelegt werden, ohne die kein Wein zur Selektionsprüfung zugelassen wird: Reben, die mindestens 15 Jahre alt sind, Handlese, Mindestmostgewicht von 90 Grad Öchsle, begrenzte Erträge von maximal 55 Hektoliter pro Hektar. Eine Kommission wacht schon im Weinberg über die Einhaltung dieser Regeln.

Der Einsatz gilt dem Ideal einer kleinen, feinen und international wettbewerbsfähigen Auswahl. Das frühere Vorurteil, Rheinhessen sei ein Herkunftsgebiet mit billigem und anspruchslosem Wein, ist so gut wie vorbei. Offenbar haben die rheinhessischen Winzer mit ihren Rebsortenexperimenten, Produktions- und Vermarktungsmethoden ihre Chancen erfolgreich genutzt.

Lieber rot oder weiß?

Die Veränderungen der letzten zehn Jahre sind erheblich. Die erste betrifft das Verhältnis zwischen Weiß- und Rotweinanbau. Rheinhessens rote Rebfläche hat sich verdreifacht und macht 32 Prozent der gesamten Fläche aus. Doch trotz Rotweinboom wendet sich der Fokus nun wieder auf den Weißwein.

Im Raum Ingelheim hat die Rotweinbereitung allerdings eine jahrhundertalte Tradition. Jungwinzer führen auch sie auf neuen Wegen weiter. Erfolge auf Rotwein-

▲ Malerisches Nieder-Flörsheim

▲ Auch Gemüse dabei: Umzug beim Traubenblütenfest

▼ Westhofen: Traubenblütenfest vor Fachwerk-Kulisse

▲ *Ein Motiv, das zum Anhalten verführt: Mettenheim mit Rathaus und Barockkirche*

▼ *Guntersblum: Schlossgut Schmitt ...* ▲ *... und die Straußwirtschaft am Kellerweg*

wettbewerben zeigen, dass man sich vor der internationalen Konkurrenz nicht verstecken muss. Auf Platz eins der roten Rebsorten liegt der Dornfelder, gefolgt vom Portugieser. Letzterer bestimmt den zweiten Rotweinpool in Rheinhessen, Gundersheim im Wonnegau. Ingelheim ist übrigens die Hauptstadt der Ökowinzer; ihr größter Zusammenschluss in Deutschland ist der ›Ecovin‹ Bundesverband.

Die Renaissance des RS

Auch im Weißweinbereich beginnen die rheinhessischen Winzer dem aktuellen Geschmackstrend zu folgen. Der Anteil trocken ausgebauter Gewächse mit harmonischer Säure wächst stetig, wenn auch langsam. Unter dem Etikett ›Liebfrauenmilch‹ geht ein großer Teil der Weine ›lieblicher Art‹ ins Ausland, da liebt man den deutschen Weißwein ›süß‹, so zum Beispiel in England. Man trinkt den Wein nicht zum, sondern nach dem Essen, als eine Art Longdrink. Als edelsüße Dessertwein-Spezialitäten gelten Scheurebe und Huxelrebe.

Ein gutes Beispiel für die Innovationsfreude der Winzer ist die Rückkehr des Silvaners, mit dem noch in den 1960er-Jahren die Hälfte der rheinhessischen Weinberge bestockt war. Neuzüchtungen ließen ihn in Vergessenheit geraten. Dann kam es zur Renaissance des Rheinhessen-Silvaners, des RS, in schlanker Flasche mit moderner Aufmachung – nach langsamem Start ein Dauererfolg bis heute. Rheinhessen verfügt über die größte Silvaner-Anbaufläche weltweit.

Feste rund um den Wein

Tradition haben die zahllosen Winzer- und Weinfeste. Doch der Zug der Zeit geht auch an ihnen nicht vorbei – vor allem nicht an den neuen zeitgeistigen Namen. Das Westhofener Traubenblütenfest ist da noch ein historisches Beispiel, denkt man an die vinoblen Hoffeste mit Jazz-, Pop- oder Klassik-Untermalung. Etwa das Weinhöfefest in Ingelheim, das Weinerlebnis zwischen Rhein und Himmel am Roten Hang in Nierstein, die vinnovativen Hoffeste in Guntersblum oder das Weinforum im Museum für Antike Schiffahrt in der Landeshauptstadt Mainz.

Idstein
Glashütten
Königstein im Taunus
Kronberg im Taunus
Nastätten
Heidenrod
Burg Hohenstein
Hohenstein
TAUNUSSTEIN
Niedernhausen
Bad Schwalbach
Eppstein
Kelkheim
Bad Soden am Taunus
Schwalbach
Hofheim am Taunus
Kriftel
Hattersheim am Main
WIESBADEN
Schlangenbad
Deutsche Fachwerkstr.
Bäderstraße
Rheingauer Riesling-Route
Rheingaugebirge
Lorch
Eltville am Rhein
Walluf
Kiedrich
Oestrich-Winkel
Hochheim am Main
Flörsheim am Main
Raunheim
Rüsselsheim
Budenheim
Geisenheim
Rüdesheim am Rhein
Bingen am Rhein
Ingelheim am Rhein
Heidesheim am Rhein
MAINZ
Gustavsburg
Bischofsheim
Ginsheim
Nauheim
Trebur
Groß-Gerau
Gau-Algesheim
Rheinhessisches Hügelland
Klein-Winternheim
Ober-Olm
Nieder-Olm
Bodenheim
Nackenheim
Nierstein
Oppenheim
Saulheim
Wörrstadt
Bad Kreuznach
Sprendlingen
Bretzenheim
Langenlonsheim
Guldental
Hargesheim
Waldalgesheim
Münster-Sarmsheim
Bad Münster-Ebernburg
Wöllstein
Alzey
Gau-Odernheim
Guntersblum
Gimbsheim
Stockstadt am Rhein
Biebesheim am Rhein
Gernsheim
Riedstadt
Osthofen
Westhofen
Flörsheim-Dalsheim
Monsheim
Kirchheimbolanden
Rockenhausen
Göllheim
Eisenberg (Pfalz)
Grünstadt
WORMS
Biblis
Bürstadt
Lampertheim
Bobenheim-Roxheim
Nibelungenstraße Siegfriedstraße
Deutsche Alleenstr.
Deutsche Weinstr.
Rhein

Infos

Wendelsheim: Weiter Blick von der Teufelsrutsch

Wendelsheim ①

Die kulturreiche Weinbaugemeinde liegt im Herzen der Rheinhessischen Schweiz.

Sehenswert: Auffällig ist das **Rathaus** (18. Jh.), bei dessen Umbau 1968/69 das benachbarte spätgotische Wohnhaus (1563) mit einbezogen wurde. Die im Kern romanische **ev. Pfarrkirche** (12. Jh., Oberbau des Turms und Schiff 1783–1786) birgt einen Orgelprospekt (um 1770) der Brüder Stumm.

Aktivitäten: Wanderziele in der Nähe sind der **Teufelsrutschfelsen** mit Aussichtspunkt und die **Schinderhannes-Höhle**, ein 50 m langer Quecksilberstollen (bis 1790 in Betrieb), sowie sehenswerte Mühlen, etwa die **Geistermühle** (2 km nordöstl.) Richtung Uffhofen oder die Ölmühle, heute Straußwirtschaft, bei **Wöllstein** (8 km nordwestl.). Wöllstein besitzt auch ein großes Freizeit- und Erlebnisbad.

Veranstaltung: Johannisfest (Ende Juni).

Umgebung: **Neu-Bamberg** (7 km nordwestl.) überragt die Ruine (um 1200) einer unter den Raugrafen erbauten Schutzburg an der Straße von Alzey nach Kreuznach. Die zur Burg ansteigenden Straßen des einst ummauerten Ortskerns – von den Stadttoren erhalten ist noch die Kandelpforte – säumen viele ältere Wohnhäuser (meist 18. Jh.). Kleinod frühgotischer Architektur ist der Chor (um 1240) der Burgkapelle von **Hof Iben** (7 km südwestl.), kostbarer Rest einer befestigten Niederlassung des Templerordens.

ⓘ Zweckverband Erholungsgebiet Rheinhessische Schweiz,
Bahnhofstr. 10, 55597 Wöllstein,
Tel. 06703/3020, Fax 06703/30214
www.woellstein.de

Maßstab 1:250000 (0 – 2,5 – 5 – 7,5 – 10 – 12,5 km)

Flonheim ②

Wie so viele rheinhessische Orte hat auch diese Weinbaugemeinde eine keltisch-römische Vorgeschichte. Die erste urkundliche Erwähnung stammt aus der Frankenzeit (8. Jh.).

Sehenswert: Bei den Wettbewerben ›Unser Dorf soll schöner werden‹ hat der Ort mit dem barocken **Rathaus** (1733, Treppenturm 1587), **Rheingräflichen Amtshaus** (1750), der **ev. Kirche** (1885), wegen ihrer Doppelturmfassade auch ›Dom des Wiesbachtales‹ genannt, der **kath. Pfarrkirche** (1883–1885), an dessen Straßenseite eine barocke **Weinreben-Madonna** (1733) steht, und der alten **Kelter** (1725) schon viele Preise errungen.

Veranstaltungen: Weinmarkt (Ende Mai); Jahrmarkt (Ende Juni); Weinwanderung zum Adelsberg (Mitte Sept.).

Umgebung: In **Bermersheim vor der Höhe** (5 km östl.) steht die Taufkirche der hl. Hildegard von Bingen. Vom 1141 erwähnten Bau der heutigen Simultankirche St. Martin (letzter Umbau 1901) ist der Chorturm erhalten.

ⓘ siehe Wendelsheim

Armsheim ③

Die erste urkundliche Erwähnung des stillen, kleinen Weinorts geht auf 775 zurück. Rund 600 Jahre später erfolgte die Erhebung zur Stadt.

Sehenswert: Die gotische **Wallfahrtskirche** (Baubeginn 1431), heute ev. Pfarrkirche, zählt zu den schönsten in Rheinhessen. Ihre reiche Ausstattung besitzt auch eine Stumm-Orgel (1739). Ehemals Wohnhaus war das **Fachwerk-Rathaus** (1750). Überhaupt sind die gepflegten **Fachwerkhäuser** (18. Jh.) zahlreich.

Aktivitäten: Weinlehrpfad in Spiesheim.

Veranstaltung: Kirchweih (4. Wochenende im August).

TIPP

Für Puppenfreunde

Armsheim hat ein kleines, aber höchst renommiertes Puppenmuseum, das zugleich Puppenschule ist. Das Puppenmuseum hat schon viele internationale Anerkennungen und Preise erhalten, so unter anderem für die Reproduktion antiker Puppen. Wer möchte, kann hier unter fachkundiger Leitung selber Puppen basteln. Die Seminare sind für jeden zugänglich. Dr. Ursula Sauer, Auf der Kennelwiese, Tel. 06734/507, Besuch nach Voranm.

Umgebung: **Wörrstadt** (5 km nordöstl.) war einst Mittelpunkt eines kleinen wild- und rheingräflichen Amtes. Die ev. Pfarrkirche ist eine romanische Chorturmbasilika, die in der Spätgotik umgebaut wurde. Eine stattliche Anlage ist auch der Neunröhrenbrunnen (1608, letzter Umbau 1930).

ⓘ Verbandsgemeinde Wörrstadt,
Zum Römergrund 2–6, 55286 Wörrstadt,
Tel. 06732/601200, Fax 06732/601501

Albig ④

Das schmucke Weindorf hat eine lange Ortsgeschichte, die bis auf die Kelten zurückgeht. Die Römer erbauten hier ein Landgut, von dem noch Reste vorhanden sind. In einer Schenkungsurkunde des Klosters Lorsch von 767 wird Albig als fränkisches Albucha genannt.

Sehenswert: Albigs Mauern, Gassen, Winkel und Brunnen wirken auf Fremde ungewöhnlich einladend. Noch romanisch ist die **ev. Pfarrkirche**, barock das **Rathaus** (1766) mit kath. Kapelle im Erdgeschoss.

Aktivitäten: Wanderungen durch die Gemarkung Albig, auch ›Toskana des Nordens‹.

ⓘ Verbandsgemeinde Alzey-Land,
Weinrufstraße 38, 55232 Alzey
Tel. 06731/409122, Fax 06731/409100

Wehrhaft gebaut: Albigs romanische Kirche

Tiefe Atemzüge der Geschichte

Worms spielt im Nibelungenlied, dem großen Epos des deutschen Mittelalters, die erste Kulissenrolle. ›Ze Wormez bî dem Rîne‹ – Zu Worms am Rhein – heißt es darin zur Schauplatzbestimmung. Am Rheinufer gibt es sogar ein Denkmal für Hagen, der den Nibelungenschatz im Rhein versenkt haben soll. Im Mittelalter waren in Worms oft Kaiser zu Gast, Paradebeispiel aus der Stauferzeit ist der monumentale Dom. Schließlich erinnert das riesige Luther-Denkmal daran, dass auch der Name des Reformators eng mit der Stadt verbunden ist.

Von der Zeit, als Worms zu den Zentren abendländischer Kultur gehörte, zeugt der Dom. Sein Hochaltar ist barock.

▲ Schätze im Wormser Dom: der barocke Hochaltar ...

▼ ... und das spätgotische Wurzel-Jesse-Relief

▲ Backfischfest: Amüsement ...

▲ ... nicht nur für junge Mädchen

▼ Worms: Mitten in der Stadt liegt der Dom, … ▲ … im Weingarten die Liebfrauenkirche

Das Worms der Gegenwart ist still, friedlich und freundlich. In der Vergangenheit bestimmten große, weltbewegende Ereignisse das Leben der Stadt, die im Mittelalter zu den bedeutendsten politischen Städten Europas zählte. Das heutige Worms ist noch nicht einmal Großstadt. Es pflegt seine Traditionen und die Zwecke und Ziele des Tourismus.

Die Kaiserstadt

In der deutschen Königs- und Kaisergeschichte spielte Worms eine Rolle, die bedeutend und vom Wormser Stadtarchiv dokumentiert ist. Schon die Merowinger errichteten dort, wo jetzt der Dom steht, eine Kaiserpfalz, und Karl der Große bevorzugte die Wormser Pfalz als Winterresidenz. Von den in der Stadt sesshaften Geschlechtern brachten es die Salier 1024 zur Kaiserwürde, nachdem Konrad der Rote, Herzog von Lothringen, 955 Kaiser Otto I. auf dem Lechfeld geholfen hatte, das Reich vor dem Einfall der Ungarn zu retten. Er fand in der Schlacht den Tod. Mit anderen Mitgliedern der Salierfamilie ruht er im Wormser Dom. Der imperiale Anspruch der Herrscher aus dem Salierhaus rief aber auch den Investiturstreit hervor, den Streit zwischen Papst und Kaiser um die Wahl von Bischöfen und Äbten. 1122 wurde er durch einen Kompromiss beendet: durch das ›Wormser Konkordat‹, ein Ereignis der mittelalterlichen Rechtsgeschichte Deutschlands und Europas.

Rheinfranken

Im 5. Jahrhundert hatten sich die Burgunder im Wormser Gebiet niedergelassen, von den Römern als Hilfsvölkerschaft gefördert. Sie gerieten aber mit den Römern wie mit den Hunnen in kriegerische Auseinandersetzungen, um 436, die zu ihrer Niederlage und zu ihrer Umsiedlung in die heutige Bourgogne (deutscher Name: Burgund) in Frankreich führten. Nach der Schlacht zwischen Römern und Hunnen auf den Katalaunischen Feldern 451, die den Untergang der römisch-antiken Kultur am Rhein einleitete, kam es zu den Wirren der Völkerwanderungszeit. Der Wormser Bereich wurde zuerst von den Alemannen besetzt, dann von den Franken. Die herrschten so lange und übten so lange

▲ Den Ludwigsplatz überragt die Martinskirche

▲ Worms: Wochenmarkt am Ludwigsplatz ▼ Beim Jazzfestival im Andreasstift … ▲ … kann man auf der Wiese sitzend zuhören

▼ Torturm zur Nibelungenbrücke

▲ Siegfriedbrunnen vor der Dreifaltigkeitskirche

kulturellen Einfluss aus, dass sich die Leute in und um Worms noch heute als Rheinfranken bezeichnen. Man merkt es an ihrem Dialekt, der fränkisch geprägt ist.

Das Nibelungenlied

Der Untergang der Burgunder und die Wirren der Völkerwanderungszeit sind historische Anknüpfungspunkte für die Aventiuren des Nibelungenliedes. Wie weit geschichtliche Fakten und Dichtung übereinstimmen, ist kaum zu sagen, schon deshalb nicht, weil die Fakten strittig sind und das Epos auch nordische Erzählelemente enthält. Der unbekannte Dichter schrieb das Nibelungenlied um 1200, also viele Jahrhunderte nach den angegebenen Ereignissen, viele Jahrhunderte, nachdem der Hunnensturm Europa durcheinander gewirbelt hatte. Aber es gehört, wie die großen Dome, zu den unvergänglichen Zeugnissen des deutschen Hochmittelalters. Kein Wunder, dass Worms, das ausdrücklich als zentraler Ort der Geschehnisse im Nibelungenlied genannt wird, darauf stolz ist und sich Nibelungenstadt nennt.

SPECIAL

Hennenkampf

Vor dem Südportal des Wormser Doms beziehungsweise seines Vorgängerbaus soll es laut ›Nibelungenlied‹ zwischen Kriemhild und Brunhild zu einem Rangstreit gekommen sein, der verhängnisvolle Folgen hatte: Wer denn die Höchste sei, wer als Erste den Dom betreten dürfe. Ob das stimmt, weiß man nicht. Auf jeden Fall lieferte der Streit ein Muster für die ›Hennenkämpfe‹ in der Literaturgeschichte wie in der Realität, analog den Hahnenkämpfen der Männer. Bert Brecht machte daraus die Satire vom Streit der zwei Fischweiber um den besten Marktstand. Heute geht es bei weiblichen Rangeleien dieser Art vielleicht um Fragen wie ›Wer hat den besseren Job und verdient das meiste Geld?‹

Der Nibelungenstil

An Kriemhild und Brunhild, Siegfried und Hagen, Gernot, Gunther und Dankwart, die Hauptfiguren des Nibelungenlieds, erinnern auch zahlreiche Namen von Straßen, Schulen, Hotels, Brunnen und

▲ Worms: Lutherdenkmal

▲ Aus dem Jüdischen Museum ...

▲ ... der ›Rheinhessische Jude‹ (1984)

▼ Lutherzimmer im Städtischen Museum

▼ Der Wormser Judenfriedhof ›Heiliger Sand‹ ist der älteste seiner Art in Europa

▼ Dauerausstellung des Städtischen Museums im Andreasstift sind ›Die Römer in Worms‹

Plätzen in Worms, und die Brücke über den Rhein heißt Nibelungenbrücke.

Die Faszination vom Nibelungenlied drückt sich in Worms sogar in der neoromantischen Architektur um 1900 aus, im so genannten Nibelungenstil, und in der künstlerischen Gestaltung mancher privater Bauten. Worms ist auch Ausgangspunkt der ›Nibelungenroute‹, die in ihrem Verlauf den Schauplätzen des Epos folgt. Sie führt über das Kloster Lorsch durch den Odenwald nach Passau und weiter in Richtung Ungarn.

Die Luther-Stadt

Ein welthistorisches Ereignis fand 1521 im Wormser Bischofshof statt. Dort sollte Martin Luther vor dem jungen Kaiser Karl V. seine reformatorische Lehre widerrufen. Luther weigerte sich und sprach dabei – angeblich – die legendären Worte: ›Hier stehe ich, ich kann nicht anders, Gott helfe mir!‹ Damit war letztendlich die Spaltung der römisch-katholischen Kirche besiegelt.

Für Worms bedeutete das: Die Bürgerschaft wurde in ihrer Mehrheit lutherisch, die Lutheraner besetzten den Magistrat und die Ämter, der Dom aber, die gewaltige romanische Zierde der Stadt, blieb katholisch und mit ihm die übrigen kirchlichen Institutionen.

Jüdisches Zentrum

Worms hatte immer eine große jüdische Gemeinde, die kulturell bedeutsam und ein Zentrum des jüdischen Geisteslebens war. Bereits 1034 stand hier eine Synagoge. Rabbi Salomo ben Isaak, Raschi, genannt, ein namhafter jüdischer Gelehrter des Mittelalters, lieferte dem heutigen Jüdischen Museum im Raschi-Haus seinen Namen.

Der Jüdische Friedhof Heiliger Sand mit seinen rund 2000 Gräbern ist ein eindringliches Denkmal zur Erinnerung an die Vernichtung des Wormser Judentums im Dritten Reich. Er ist der älteste Judenfriedhof Europas überhaupt. Seine Grabsteine stammen aus zehn Jahrhunderten, darunter auch jene berühmter jüdischer Gelehrter. Die Synagoge in Worms wurde 1960/61 wieder errichtet. Eine jüdische Gemeinde aber besteht nicht mehr; zuständig ist die Gemeinde in Mainz.

▲ Auch Schloss Herrnsheim ...

▲ Noch zahlreich erhalten sind in Pfeddersheim die Tortürme

▼ ... hat sein alljährliches Weinfest

▼ Der Herrnsheimer Schlosspark ist heute ein herrliches Freizeitrevier

▲ Abenheim: Klausenbergkapelle inmitten der Reben ... ▼ ... und St. Bonifatius

Schloss Herrnsheim

Nördlich von Worms entstand von 1809 bis 1845 im Empirestil Schloss Herrnsheim. Schon im Mittelalter hatte an dieser Stelle eine Burg gestanden. Bauherr der Anlage von vornehmer Schlichtheit war Emmerich Joseph von Dalberg, Sohn des Mannheimer Theaterintendanten Wolfgang Heribert und Neffe des letzten Mainzer Kurfürsten Carl Theodor. Napoleon hatte ihn zum Herzog und französischen Staatsrat gemacht. 1834 gelangte Schloss Herrnsheim in den Besitz der Freiherren von Heyl zu Herrnsheim, 1957 an Worms. Jetzt dient der Blaue Saal gelegentlich als Konzertsaal und der Schlosshof feuchtfröhlichen Weinfesten.

SPECIAL

Pariser Schick

Auf ein hervorragendes und seltenes Erzeugnis der Anfang des 19. Jahrhunderts aufblühenden Papiertapetenindustrie trifft der Besucher im Inneren von Schloss Herrnsheim. Aus der Pariser Manufaktur Dufour stammt die um 1814 gefertigte Tapete ›Les monuments de Paris‹. Sie zeigt bedeutende Pariser Bauwerke, die entgegen ihrer wirklichen Lage allerdings in einer idealen Vorstellung am Seine-Ufer aufgereiht sind. Seit dem 18. Jahrhundert war die Vedute, die möglichst getreue Abbildung einer fremden Landschaft, als nobler Wandschmuck groß in Mode. Die Alltagsszenen im Vordergrund geben dazu ein Bild von den Menschen jener Zeit.

Wehrhaftes Pfeddersheim

Pfeddersheim war schon früh befestigt. Ansehnliche Reste der mittelalterlichen Stadtummauerung sind noch heute erhalten. Dreimal spielte das malerische Städtchen in der Geschichte als politisch entscheidender Schlachtort eine blutige Rolle: Indem 1388 das Heer des Rheinischen Städtebundes, zu dem Pfeddersheim gehörte, besiegt wurde, gab es ab 1389 keine Städtebünde im deutschen Südwesten mehr, durch den Sieg Friedrichs des Siegreichen v. d. Pfalz 1460 über den Mainzer Erzbischof kam die Stadt an die Kurpfalz, und durch die Bauernschlacht 1525 wurde das Schicksal des Bauernaufstandes links des Rheins besiegelt.

WORMS

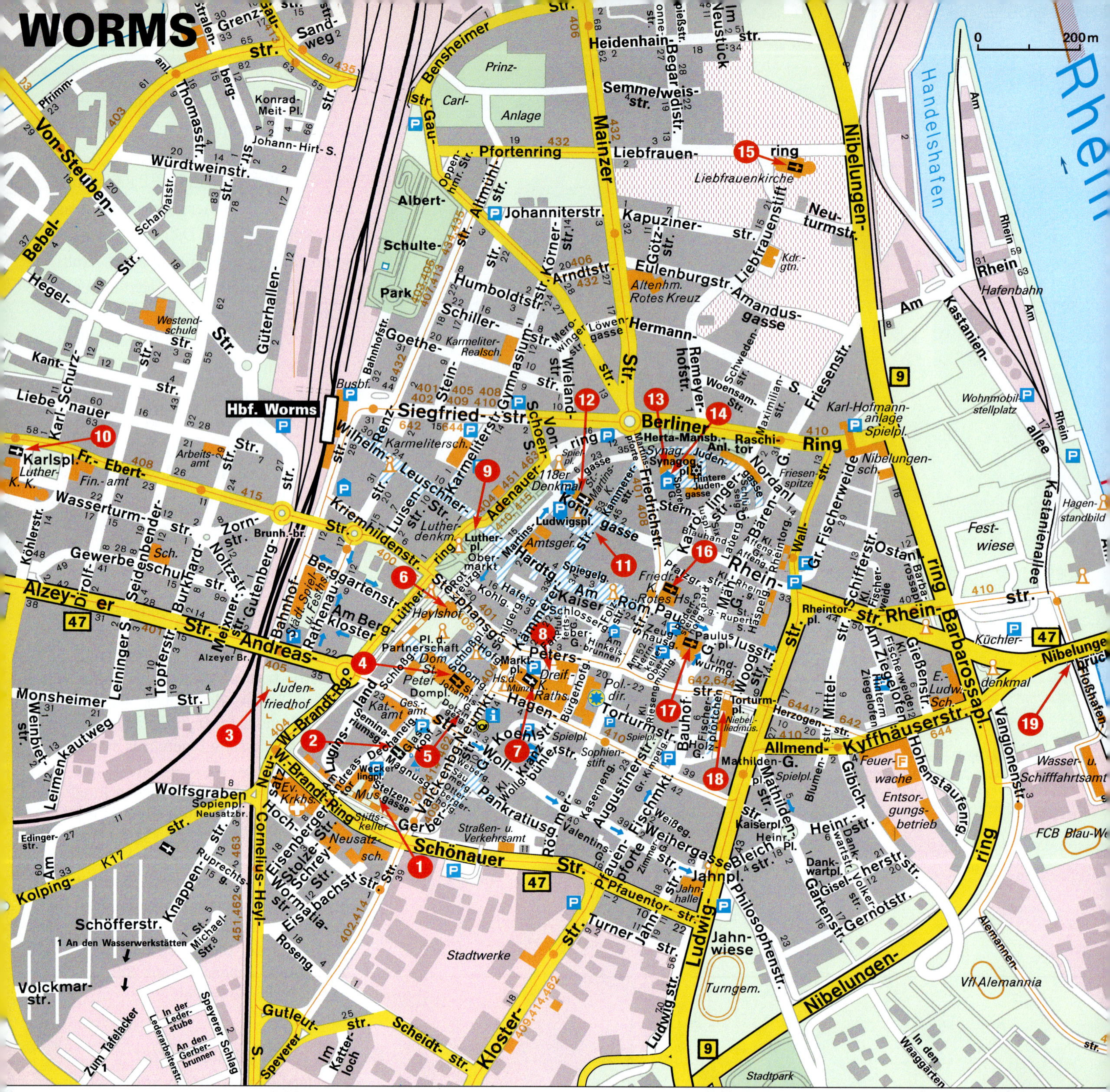

0 200 m
Rhein
Handelshafen
Hafenbahn
Prinz-Carl-Anlage
Pfortenring
Mainzer Str.
Liebfrauenring
Liebfrauenkirche
Nibelungenring
Von-Steuben-Str.
Bebel-Str.
Hegel-Str.
Würdtweinstr.
Thomasstr.
Güterhallen-Str.
Konrad-Meit-Pl.
Johann-Hirt-S.
Westendschule
Albert-Schulte-Park
Johanniterstr.
Kapuzinerstr.
Humboldtstr.
Schillerstr.
Goethestr.
Eulenburgstr.
Amandusgasse
Hermannstr.
Hbf. Worms
Siegfriedstr.
Berliner Ring
Karlspl.
Lutherkirche
Fr.-Ebert-Str.
Wasserturmstr.
Gewerbeschulstr.
Kriemhildenstr.
Adenauer-Ring
Lutherpl.
Obermarkt
Ludwigspl.
Kämmererstr.
Hardtgasse
Synagoge
Judengasse
Karl-Hofmann-Anlage
Nibelungenschule
Festwiese
Kastanienallee
Hagenstandbild
Alzeyer Str.
Andreasstr.
Am Berg Kloster
Heylshof
Dom St. Peter
Marktpl.
Rheinstr.
Rheintorpl.
Barbarossapl.
Küchler
Nibelungenbrücke
Nibelungendenkmal
Monsheimer Str.
Judenfriedhof
Leimenkautweg
Wolfsgraben
Kolping-Str.
Schöfferstr.
Volckmarstr.
Cornelius-Heyl-Str.
Schönauer Str.
Pfauentor-Str.
Stadtwerke
Gutleut-Str.
Scheidtstr.
Klosterstr.
Ludwigstr.
Jahnwiese
Turngem.
Philosophenstr.
Nibelungenring
VfL Alemannia
Stadtpark
Kyffhäuserstr.
Allmend-G.
Vangionenstr.
Hohenstaufenring
Feuerwache
Wasser- u. Schifffahrtsamt
FCB Blau-Weiß
Torturmpl.
Mathildenstr.
Kaiserpl.
Weihergasse
Speyerer Schlag
An den Wassergärten
Alemannenstr.
Zum Tafelacker
1 An den Wasserwerkstätten

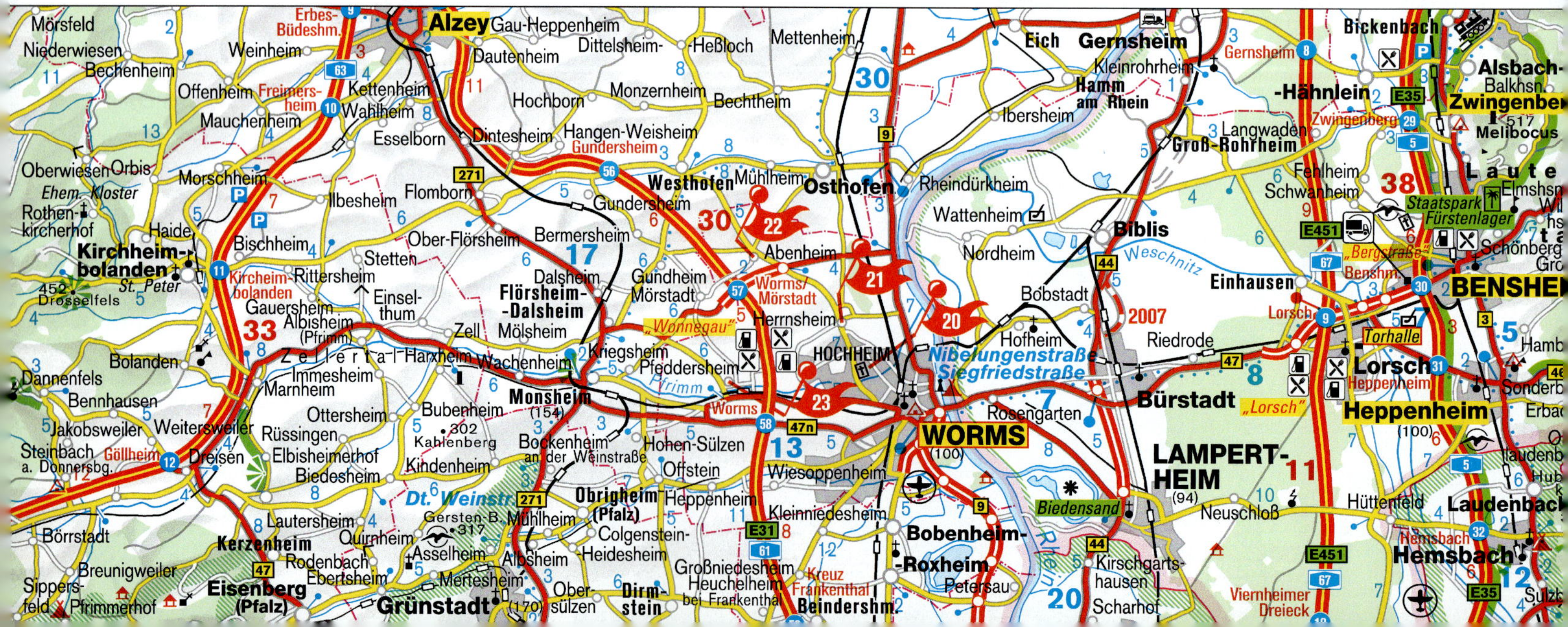

Alzey
Gau-Heppenheim
Dittelsheim-Heßloch
Mettenheim
Eich
Gernsheim
Bickenbach
Alsbach-Hähnlein
Zwingenberg
Melibocus
Hamm am Rhein
Biblis
Osthofen
Westhofen
Mühlheim
Rheindürkheim
Wattenheim
Nordheim
Bobstadt
Hofheim
Riedrode
Einhausen
Lorsch
Bensheim
Heppenheim
Bürstadt
Lampertheim
Neuschloß
Hüttenfeld
Laudenbach
Hemsbach
Worms
Hochheim
Rosengarten
Bobenheim-Roxheim
Petersau
Frankenthal
Beindersheim
Kirchgartshausen
Scharhof
Viernheimer Dreieck
Flörsheim-Dalsheim
Mölsheim
Monsheim
Wachenheim
Pfeddersheim
Kriegsheim
Hohen-Sülzen
Offstein
Wiesoppenheim
Obrigheim (Pfalz)
Grünstadt
Eisenberg (Pfalz)
Kerzenheim
Kirchheimbolanden
Bischheim
Göllheim
Dreisen
Marnheim
Rüssingen
Zellertal
Albisheim (Pfrimm)
Gauersheim
Nibelungenstraße Siegfriedstraße
Staatspark Fürstenlager
Biedensand
Weschnitz
Wonnegau

Infos

Geschichte und Allgemeines

Das über 2000-jährige Worms (82 000 Einw.) sieht sich als Bindeglied zwischen dem Rhein-Neckar-Dreieck im Süden und dem Rhein-Main-Gebiet im Norden mit Handelshafen, regionalem Flugplatz, Bahnhof an der Rheinstrecke und Autobahnanschluss (A 61).

Der älteste überlieferte Name der Stadt ist keltischen Ursprungs und lautet Borbetomagus. Das heißt Siedlung in wasserreicher Gegend. Mit dem Wasserreichtum war wohl der des Rheins gemeint. Seit dem 1. Jh. n. Chr. war hier der germanische Stamm der Vangionen ansässig. Deshalb nannten die römischen Eroberer den im 3./4. Jh. sich ausdehnenden Stadtbereich Civitas Vangionum. Vangionen nannten sich die Wormser noch bis ins 16. Jh. Worms heißt die Stadt seit dem 6./7. Jh., in der lateinischen Form Wormatia – so wie heute ein bekannter Fußballverein: Wormatia Worms. Seit dem 4. Jh. Bischofssitz, geriet Worms 1002 unter die Herrschaft der Bischöfe. 1122 wurde hier das Wormser Konkordat geschlossen, das den Investiturstreit zwischen König und Papst beendete. 1184 erhielt Worms durch kaiserliche Privilegien bedeutende Freiheiten. Um 1200 einer der wichtigsten Schauplätze des Nibelungenlieds. 1273 erkannte Rudolf I. von Habsburg die Reichsfreiheit an. 1689 wurde Worms durch französische Truppen verwüstet. 1801 kam es an Frankreich und 1816 an Hessen-Darmstadt. In der zweiten Hälfte des 19. Jh.s gewann die Stadt mit der Industrialisierung eine neue wirtschaftliche Basis. Die Lederindustrie trug maßgeblich zum Aufschwung bei, der aber mit dem Ersten Weltkrieg einen schweren Rückschlag hinnehmen musste. Die wirtschaftlichen Folgen waren noch nicht wieder aufgefangen, als die mittlerweile kreisfreie Stadt im Februar und März 1945 nahezu vollständig verwüstet wurde. Ein imponierender Wiederaufbau lässt über die Jahre das heutige Worms in gewandelter Form erstehen.

ⓘ Tourist Information, Neumarkt 14, 67547 Worms, Tel. 06241/25045, Fax 06241/26328, www.worms.de

Sehenswürdigkeiten

Andreasstift und Judenfriedhof: Ein Rundgang durch die Stadt dauert ca. drei Stunden. Man beginnt ihn am besten im Südwesten. Am Willy-Brandt-Ring liegt das ehemalige **Andreasstift** ❶. Die ehemalige Stiftskirche, eine dreischiffige Pfeilerbasilika aus dem 12. Jh. mit gotischen Veränderungen, und der anschließende Kreuzgang sind heute Städtisches Museum (siehe Museen). Älteste ev. Pfarrkirche in Südwestdeutschland ist die benachbarte romanische **Magnuskirche** ❷ (Tel. 06241/23978; April–Sept. tgl. 9.00 bis 17.00 Uhr, Okt.–März nach Voranmeldung). Jenseits des Willy-Brandt-Rings erstreckt sich der **Judenfriedhof Heiliger Sand** ❸ (tagsüber bis Einbruch d. Dunkelheit offen). Der älteste Grabstein stammt aus dem 11. Jh., der Zeit, in der die jüdische Begräbnisstätte – vor den Toren der Stadt – angelegt wurde. Hier liegen neben berühmten Gelehrten auch der jüdische Märtyrer Rabbi Meir von Rothenburg und Alexander ben Salomon Wimpfen.

Wahrzeichen ist der doppelchörige Dom

Einst im Domkreuzgang: Auferstehungsrelief

Dom St. Peter ❹: Hochragender Mittelpunkt von Worms ist die ehemalige Bischofskathedrale, heute päpstliche Basilika minor (1926) und Propsteipfarrkirche. Die doppelchörige romanische Pfeilerbasilika mit vier Türmen und zwei Kuppeln wurde von 1125 bis 1181 errichtet. Bis etwa 1325 erhielt der romanische Bau hochgotische Umbauten, so die **Nikolauskapelle** und das **Südportal**, dessen Szenen aus der Bibel erzählen. Das nördliche so genannte **Kaiserportal** soll laut Nibelungenlied der Ort gewesen sein, wo Kriemhild und Brunhild in einen Streit darüber gerieten, wer die Ranghöhere sei. Innen die **Gräber** von sechs Generationen der salischen Königsfamilie. Teile der Ausstattung stammen aus dem 18. Jh., darunter der Hochaltar (1740) von Balthasar Neumann (Führungen März–Okt. Sa. und So. 14.00 Uhr; Treffpunkt Südportal).

SPECIAL

Wonniger Wonnegau

Ariovist († 54 v. Chr.) war Heerkönig des germanischen Groß-Stammes der Sueben, zu dem als Unterstamm die Vangionen (lat. Vangiones) gehörten. Ariovist führte sein Volk von rechtsrheinischem auf linksrheinisches Gebiet, bis ins Elsass. So viel Germanen machten die siedelnden Gallier unruhig, und auch ihre römische Herrschaft hatte Bedenken. Caesar wurde zu Hilfe gerufen, der die Truppen Ariovists vernichtend schlug. Die Vangionen, die bei Borbetomagus die Neusiedler waren, also beim heutigen Worms, arrangierten sich mit den Römern und blieben dort. Aus ihrem Gau, dem Vangionengau bei Worms, leitete sich die Bezeichnung Wangengau für die Umgebung von Worms ab. Der Volksmund machte daraus Wonnegau. Warum die Vangionen hier blieben, weiß man nicht genau. Die Wormser werden sagen: weil es im Wonnegau immer schon schön war.

Nibelungenschatz – von Hagen im Rhein versenkt?

Zum Domviertel gehören das barocke Bürgerhaus (1720) der **Adlerapotheke** 5, Andreasstraße/Ecke Neumarkt, und, nördlich, der **Heylshofpark** mit dem **Kunsthaus Heylshof** 6, einem Palais aus dem 19. Jh. (siehe Museen). Im Heylshofpark stand die 1689 zerstörte Kaiser- und spätere Bischofspfalz.

Gedenken an Luther: Den Neumarkt dominiert die **Dreifaltigkeitskirche** 7. Die einschiffige barocke Hallenkirche (1709–1725) wurde als lutherische Stadtkirche programmatisch erbaut ›an dem Ort, wo Luther einst bekannt sein Wort‹ (Luther stand aber im Bischofshof vor Kaiser Karl V.). Nach der Zerstörung 1945 wurde die Kirche innen verändert wieder aufgebaut. Ein Zyklus von 15 **Buntglasfenstern**, der die Verbindung biblischer Szenen mit dem Glaubensbekenntnis darstellt, zeigt auch Luther vor Kaiser Karl V. (tgl. April–Sept. 9.00–17.00, Okt.–März 9.00 bis 16.00 Uhr). Davor stehen zwei Brunnen: westlich der **Siegfriedbrunnen** (1913) von Adolf von Hildebrand, nördlich, vor dem 1958 fertig gestellten Rathaus, der **Marktbrunnen** 8 (1778); mit Neptun, Herkules und Justitia wird er auch Gerechtigkeitsbrunnen genannt.

Am Lutherring, der nördlichen Fortsetzung des Willy-Brandt-Rings, gedenkt das **Lutherdenkmal** 9 der Reformation. Auf dem Denkmalsockel Martin Luthers steht sein überliefertes Wort: ›Hier stehe ich, Ich kann nicht anders, Gott helfe mir!‹ Die Figurengruppe mit den wichtigsten Reformatoren Europas in Überlebensgröße wurde 1868 enthüllt. Jenseits des Lutherrings liegt die **Lutherkirche** 10 (1910–1912), deren Architektur Anklänge an den Jugendstil zeigt.

Fußgängerzone: Beim Bummel durch die Fußgängerzone sollte man auch kleinere Denkmäler nicht übersehen, etwa das **Schicksalsrad** (1986) auf dem Obermarkt oder den **Winzerbrunnen** (1983), Hardtgasse/Ecke Kämmererstraße, beide vom Wormser Bildhauer Gustav Nonnenmacher. An der Kämmererstraße (Nr. 42) steht auch der **Wambolder Hof** 11, ein 1710 von Maximilian von Welsch erbautes Barockpalais. Den Ludwigsplatz mit dem Obelisken zu Ehren des 1892 verstorbenen hessischen Großherzogs Ludwig IV. überragt **St. Martin** 12 (13. Jh.). Die dreischiffige Basilika ohne Querhaus ist ein weiterer imposanter Bau der Romanik.

TOP ZIEL **Judenviertel:** Die Judengasse und ihre Bauten gelten als gelungenes Beispiel der Altstadtsanierung. Die **Synagoge** 13 wurde 1938/41 zerstört und 1960/61 rekonstruiert, teilweise mit Originalbauteilen. Von der alten Synagoge erhalten sind nur die unterirdischen Bauteile wie die rituelle Badeanlage Mikwe. Von der ältesten Synagoge (erster Bau 1034, Neubau 1174/75) blieb lediglich die Stiftungstafel aus Stein (tgl. April–Okt. 10.00–12.30 und 13.30–17.00, Nov.–März 10.00–12.00 und 14.00–16.00 Uhr). Das angrenzende **Raschi-Haus** 14 (siehe Museen), ein Neubau auf alten Mauern, steht dort, wo man annimmt, dass sich das Lehrhaus befand, in dem der bedeutende jüdische Gelehrte Raschi um 1060 studierte.

Im unteren Teil des Raschi-Hauses befindet sich auch das **Stadtarchiv** von Worms, das ›Gedächtnis der Stadt‹. Es gehört zu den bedeutendsten kommunalen Archiven des südwestdeutschen Raums. In seiner über 2 km langen Reihe von Urkunden, Akten, Karten, Plänen, Plakaten, Tonbändern, Filmen und Fotos spiegelt es die lange und wechselvolle Geschichte der früheren Reichsstadt und ihrer eingemeindeten Vororte vom 11. Jh. bis heute wider (Mo.–Do. 9.00–12.00 und 14.00–16.00, Fr. 9.00–12.00 Uhr).

Mitten im Weinberg: Außerhalb der Altstadt am Rhein steht die **Liebfrauenkirche** 15 (tgl. 9.00–18.00 Uhr). Die Wallfahrtskirche entstand in langer Bauzeit: Vor 1300 begonnen, wurde sie erst 1465 vollendet. Sie birgt ein reich geschnitztes **Chorgestühl** (1625). Noch beeindruckender vielleicht als die dreischiffige spätgotische Basilika selbst ist ihr Standort mitten im Weinberg. Dort wächst die originale ›Liebfrauenmilch‹, von der es bekanntlich weit größere Quantitäten gibt, als der relativ kleine Weinberg hergibt. Das Wort original hat hier eine ganz besondere Bedeutung. Die Verbindung von Kirche und Reben ist allerdings originell.

Um Friedrichs- und Pauluskirche: Die **Friedrichskirche** 16 ist eine Kirche der Reformierten, 1743 errichtet und benannt nach Friedrich dem Großen. Das **Rote Haus** wurde 1624 angebaut, ein Renaissancebau, der als Einziger seines Stils in Worms überlebt hat. Nahebei zwei geschichtsträchtige Kirchen: **St. Paulus** 17 (Paulusstraße) geht auf das 11. Jh. zurück und wurde im 13. Jh. nach der Heimkehr von Wormser Kreuzfahrern umgestaltet; im 18. Jh. folgte ein Umbau des Langhauses. Ganz in der Nähe, am Fischerpförtchen, hat sich ein weiteres Stück der alten **Stadtmauer** 18 erhalten. In den Türmen wurde das **Nibelungenmuseum** eröffnet, eine Attraktion der Stadt Worms.

Rheinpromenade: Über die Herzogenstraße führt der Weg aus der Altstadt hinaus zum Rheinufer mit dem Hagenstandbild (1905) und dem mächtigen Brückenturm (1900) der **Nibelungenbrücke** 19. Die Rheinpromenade lädt zum Spaziergang ein.

TIPP

Nibelungenmuseum

Von den Wormser Beinamen ist neben Kaiser- und Lutherstadt die Bezeichnung Nibelungenstadt wohl allgemein die beliebteste. Dem trägt auch das Nibelungenmuseum an und in der alten Stadtmauer Rechnung. Die Mauer entstand im 12. Jahrhundert, zeitgleich mit dem Nibelungenlied. Schon der Standort des Museums vermittelt daher einen Hauch von Authentizität. Der alte Baukörper am Fischerpförtchen, durch moderne Anbauten vervollständigt, bleibt unter denkmalpflegerischen Aspekten gewahrt.

Das Museum führt in das Nibelungenlied und seine Rezeptionsgeschichte ein: von der Romantik und Richard Wagner bis zu den Nationalsozialisten und weiter bis in die heutige Fantasyliteratur. Das geschieht speziell im Sehturm, einem Turm der alten Stadtmauer. Im Hörturm hört der Besucher das Lied sowie Parallelwerke zum Nibelungenstoff in Rezitationen und Interpretationen. Im dritten Bauteil, dem unterirdischen Schatzraum, wird auf einem Großbildschirm der ›Schatz der Nibelungen‹ als virtuelles Kunstwerk präsentiert. Verstand und Fantasie sollen gleichermaßen angesprochen – und auch die Poesie des Liedes vermittelt werden. Fischerpförtchen 10; Di.–So. 10.00 bis 17.00, letzter Einlass 15.15, Fr. bis 22.00 Uhr, letzter Einlass 20.15 Uhr.

Museen

Städtisches Museum im Andreasstift 1: Sammlungsschwerpunkte sind Vor- und Frühgeschichte und die Darstellung der Stadt- und Landesgeschichte bis ins 20. Jh.;

Infos

auch Lutherzimmer und die Dauerausstellung ›Die Römer in Worms‹ laden zum Besuch (Weckerlingplatz 7; Di.–So. 10.00 bis 17.00 Uhr).

Museum Kunsthaus Heylshof 6**:** Die reichen Sammlungen europäischer Kunstwerke (15. bis 19. Jh.) basieren auf der Stiftung der Industriellenfamilie von Heyl. Zu sehen sind unter anderem Gemälde namhafter Künstler wie Rubens, van Dyck, Ruisdael, van Goyen (Stephansgasse 9; Mai–Sept. Di.–So. 11.00 bis 17.00, Okt.–April Di.–Sa. 14.00–17.00, So. 11.00–17.00 Uhr; Jan.–14. Febr. geschl.).

Jüdisches Museum 14**:** Zeugnisse von der Geschichte des jüdischen Lebens (11.–20. Jh.), der Religion und des jüdischen Alltags in Worms birgt das Museum in der Hinteren Judengasse 6 (Di.–Fr. 9.00–12.00 und 14.00 bis 17.00 Uhr).

Vororte und nahe Umgebung

Hochheim 20**:** Jenseits des Lutherrings im Westen ist die **Bergkirche St. Peter,** die auf einer Anhöhe liegt – daher der Name –, ein wichtiges Beispiel für die Wormser Romanik außerhalb der Stadttore. Der Turm und die Krypta stammen aus der Zeit um 1010, das Langhaus wurde ab 1607 erneuert. Ganz in der Nähe befindet sich der Wormser **Hauptfriedhof** Hochheimer Höhe, um 1900 angelegt, mit einer neuromanischen Friedhofskapelle (1905 von Georg Metzler). Unterhalb schließt sich der neue Judenfriedhof an.

Herrnsheim 21: Am Ortseingang steht die etwas geheimnisvoll wirkende **Gottliebenkapelle** (1890–1892 von Gabriel von Seidl), ein spätromanisches Kirchlein mit Kreuzgang, als Grablege der Wormser Industriellenfamilie der Freiherren von Heyl zu Herrnsheim errichtet. Von der alten Ortsbefestigung zeugt noch der **Storchenturm.** Besonderes Kleinod ist **Schloss Herrnsheim,** das, 1794 in den französischen Revolutionskriegen ausgebrannt, Anfang des 19. Jh.s im Stil des Empire und Klassizismus wieder aufgebaut wurde (Besichtigung nur für Gruppen nach Voranmeldung bei Tourist Info, Tel. 06241/25045). Der **Schlosspark,**

Immer einen Spaziergang wert: das Rheinufer

Diese Schöne macht dem Backfischfest alle Ehre

ein großer Englischer Garten, lässt den Einfluss des berühmten Gartenarchitekten Friedrich Ludwig von Sckell, der auch den Englischen Garten in München anlegte, spüren. Der verborgene Schillerturm ahmt in romantischer Weise einen mittalterlichen Stadtmauerturm nach.

Abenheim 22**:** Die große kath. Pfarrkirche **St. Bonifatius** (um 1720/30) wurde als Saalkirche erbaut. Der spätgotische Turm im Westen trägt einen barocken Oberbau. Wappen erinnern daran, dass die Dalberg einst Herren des Orts waren. Außerhalb, in Richtung Osthofen, liegt die kleine **Klausenbergkapelle,** 1572 in spätgotischen Formen erbaut, inmitten von Rebstöcken.

Pfeddersheim 23**:** Der Ort, im Mittelalter sogar vorübergehend Reichsstadt, hat noch große Teile der alten **Stadtmauer** samt ihrer Türme bewahrt. Einige Anwesen aus dem Barock und 19. Jh. mit mächtigen rundbogigen oder überdachten Hofeinfahrten prägen das Ortsbild.

Kultur

Theater: Städtisches Spiel- und Festhaus: regelmäßig Theater, Oper, Operette und Konzerte von Gastensembles (Rathenaustraße, Theaterkasse, Tel. 06241/22525; Kulturbüro Tel. 06241/88385). Das **›kleine theater‹ der Volksbühne Worms:** eigene Inszenierungen (Würdtweinstr. 11, Tel. 06241/51429).

Kabarett/Kleinkunst: Café Schmitz, Konzerte, Kabarett, Theater (Weckerlingplatz 6, Tel. 06241/413535, Fax 06241/413811, www.cafe-schmitz.de; Spielzeit Sept.–Mai).

Szene: Viele Bars, Kneipen und Cafés gibt es in der Gegend östlich des Bahnhofs: die Cafés TE, Aqui u. Ohne Gleichen, die Lindbergh Lounge, Cantina und Krone bieten fast alle tagsüber Frühstück und Mittagstisch; abends gibt es alles bis hin zum gepflegten Cocktail.

TIPP

Im Juli gibt's Jazz

Die Mischung macht's: historisches Flair, ein guter Tropfen und Jazz vom Feinsten. Das sind die Zutaten, die ›Worms: Jazz & Joy‹ zum Top-Ereignis in Rheinland-Pfalz werden ließen. Eingebettet in den ›Kultursommer Rheinland-Pfalz‹ lädt die Stadt alljährlich rund um den Kaiserdom ein, um ein lebendiges und heiteres Festival zu feiern. Drei Tage ertönt überall nahezu nonstop Musik. Kreolische Klänge oder Bigband-Sound schaffen Verbindungen von Zeit und Raum, Kulturen und Kontinenten. Das Ereignis findet im Juli statt. Info: Kulturbüro der Stadt Worms, Tel. 06241/8534001, E-Mail: kulturbuero@worms.de

Shopping

Fußgängerzone: Worms hat für eine Stadt dieser Größe eine exklusive Fußgängerzone. Das vielfältige Sortiment der Geschäfte macht den Bummel zum Einkaufsspaß.

Tiergarten

Tiergarten Worms: Die Begegnung mit der heimischen Tierwelt, das vielfältige Freizeitangebot und das gemütliche Café am See erfreuen vor allem Familien (Naherholungsgebiet Bürgerweide; März–Okt. Mo.–So. 9.00–18.00, Nov.–Febr. Mo.–Fr. 9.30 bis 16.00, Sa., So., Fei. 9.00–17.00 Uhr).

Veranstaltungen

Großveranstaltungen: ›Worms blüht auf‹, Innenstadtfest (Anfang April); **Jazz & Joy** (Anfang Juli); **Nibelungenfestspiele** (2. Aug.-Hälfte); **Weinfest** im Herrnsheimer Schloss (Anfang Aug.); **Backfischfest,** das größte Wein- und Volksfest am Rhein (Ende Aug.).

Märkte: Traditioneller **Pfingstmarkt** (Ende Mai/Anfang Juni); **Staremarkt,** auf dem Marktplatz (Ende Juni); **Allerheiligenmarkt,** auf dem Marktplatz (Ende Okt./Anf. Nov.); **Weihnachtsmarkt,** auf dem Obermarkt und dem Lutherplatz (Ende Nov.–22. Dez.).

Rheinschifffahrt: Pfingsten bis Mitte Sept.

Wer's mag, erobert sich die Region sportlich

Auskunft

Überregional: Rheinland-Pfalz Tourismus GmbH, Löhrstr. 103–105, 56068 Koblenz, Tel. 0261/9152 00, Fax 0261/9152040, www.rlp-info.de

Regional: Hunsrück-Touristik GmbH, Hunsrückhaus, 54411 Deuselbach, Tel. 06504/950460, Fax 06504/950431, www.hunsruecktouristik.de

Naheland-Touristik GmbH, Bahnhofstr. 37, 55606 Kirn, Tel. 06752/137610, Fax 06752/137620, www.naheland.net

Rheinhessen-Information GmbH, Wilhelm-Leuschner-Str. 44, 55218 Ingelheim, Tel. 06132/44170, Fax 06132/441744, www.rheinhessen.info

Baden

Seen: Argenthal; **Bostalsee** an der oberen Nahe; **Eich** am Altrhein; **Worms-Herrnsheim.**

Hallen-, Frei-, Erlebnisbäder: Wartbergfreibad, **Alzey**; Natur-Erlebnisbad, **Bingen-Bingerbrück**; Hallenbad, **Bingen-Büdesheim**; Hallenbad, **Emmelshausen**; beheiztes Freibad, **Gimbsheim**; Hallen- u. Freibad, **Hermeskeil**; Freibad ›Kammerwoog‹, Freibad ›Im Staden‹, Hallenbad, **Idar-Oberstein**; Freibad, **Ingelheim**; Hallenbad ›Aquafit‹, **Kastellaun**; Freibad ›Hochwald‹, **Kell am See**; Hallen- u. Freibad, **Kirchberg**; Hallen- u. Freibad ›Am großen Sand‹, **Mainz**; Freibad ›Ruwertal‹, **Mertesdorf**; Freizeitbad, **Morbach**; Hallen- u. Freibad, **Nieder-Olm**; Hallenbad, **Nierstein-Oppenheim**; Erlebnisbad ›Die Pyramide‹, **Oberhambach**; Freizeitbad, **Rheinböllen**; Naturfreibad, Freizeitbad, **Simmern**; Hallenbad, **Sprendlingen-Gensingen**; Freibad **Sprendlingen**; Heinrich-Völker-Spaßbad, **Worms**; Freizeit- u. Erlebnisbad ›Am Schlossstadion‹, **Wöllstein**; Freibad im Neuborn, **Wörrstadt.**

Kur- u. Thermalbäder: Bäderhaus, Crucenia-Thermen, **Bad Kreuznach**; Thermal-Sole-Hallen- u. Freibad, **Bad Münster am Stein**; Saunarium, Menschels Vitalresort ›Englischer Hof‹, Bollant's im Park, Maasberg Therme, **Bad Sobernheim**; Erholungs- und Gesundheitszentrum **Thalfang.**

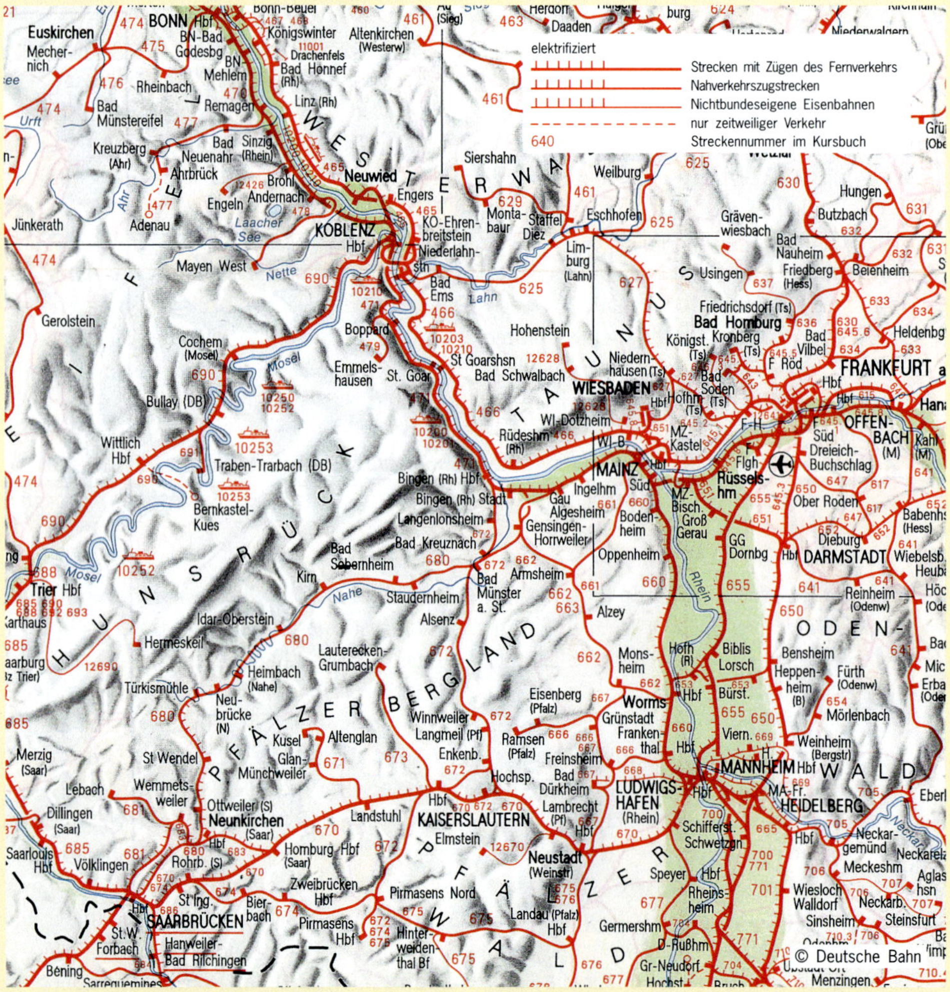

Bauern- und Winzerhof-Urlaub

Broschüre mit Adressen: Urlaub auf Bauern- u. Winzerhöfen, Schmidtbachstr. 15, 55469 Simmern, Tel. 06761/90 8111 (8.00–11.30 Uhr), Fax 908112, uabw-rlp@t-online.de

Golf

Golfplätze: Nahetal (18 Loch), **Bad Münster am Stein** (Tel. 06708/2145); Am Maasberg (9 Loch), **Bad Sobernheim** (Tel. 06751/8760); Edelstein-Hunsrück (9 Loch), **Kirschweiler** (Tel. 06781/36615); Hahn (9 Loch), **Lautzenhausen** (Tel. 06543/509560); Auf dem Wißberg (18 Loch), **St. Johann** (Tel. 06701/8111); Am Golfplatz 1 (18 Loch), **Mommenheim** (Tel. 06138/92020); Worms (9 Loch), **Hamm am Rhein** (Tel. 06241/958570).

Hotels (Auswahl)

Preise

●●●●	Doppelzimmer über 125 €
●●●	Doppelzimmer 90–125 €
●●	Doppelzimmer 75– 90 €
●	Doppelzimmer unter 75 €

Wohnen auf hohem Niveau

●●●●/●●● **Domina Parkhotel Kurhaus**, Kurhausstr. 28, 55543 **Bad Kreuznach**, Tel. 0671/8020, Fax 0671/34577. Sauna, Solarium, kostenloser Direkt-Zugang zu den Crucenia-Thermen, Parkrestaurant. 110 Zimmer, 7 Suiten.

●●●● **Historische Schlossmühle**, An der L 190, 55483 **Horbruch**, Tel. 06543/4041, Fax 06543/3178. 16 Zimmer, 2 Suiten.

●●●● **Krone**, Rheinuferstr. 10, 65385 **Rüdesheim a. Rhein-Assmannshausen**, Tel. 06722/4030, Fax 06722/3049. Hotelbar, Liegewiese, Park. 52 Zimmer, 13 Suiten.

●●●● **Hyatt Regency**, Malakoff-Terrasse 1, 55116 **Mainz**, Tel. 06131/731234, Fax 06131/731235. Garage/Parkhaus, Sauna, Solarium, Hallenbad. 265 Zimmer, 3 Suiten.

GESCHICHTE

- **58–51 v. Chr.** Caesars gallische Feldzüge unterwerfen das keltische, teils germanisch besiedelte Land unter römische Herrschaft, die rund 500 Jahre andauert.
- **um 10 n. Chr.** Mainz wird Sitz des römischen Militäroberbefehlshabers für Obergermanien.
- **um 345** Mainz als Bischofssitz bezeugt, Worms vermutlich auch bereits Bischofssitz.
- **406** Römer geben die Rheingrenze auf. Burgunder lassen sich zwischen Mainz, Alzey und Worms nieder, mit Worms ab 413 als Mittelpunkt.
- **436** Burgunder werden von Hunnen vernichtend geschlagen.
- **496** Sieg der Franken über die Alemannen. Worms wird merowingische Königspfalz.
- **614** Worms als Bischofssitz bezeugt.
- **746** Bonifatius, Apostel der Deutschen, übernimmt das Bistum Mainz; als Erzbistum wird es in der Folge Metropole des Christentums in Deutschland.
- **975–1011** Seit Willigis ist der Mainzer Erzbischof auch weltliches Oberhaupt der Stadt. Domneubau (Weihe 1009).
- **11. Jh.** Bedeutende Judengemeinden in Mainz und Worms.
- **1000–1025** Unter dem Wormser Bischof Burchard Domneubau (Weihe 1018). Weitere spätere Domweihen 1110 und 1181.

Der erste Erzbischof in Mainz war Bonifatius

- **1024–1125** Regierungszeit der Salier als deutsche Könige und Kaiser.
- **1048** Wahl des Papstes Leo IX. in Worms.
- **1074** Erste städtische Freiheiten für Worms; 1184 bedeutend erweitert.
- **1115** Erste städtische Freiheiten für Mainz; 1244 bedeutend erweitert.
- **1122** Wormser Konkordat beendet den Investiturstreit (seit 1075).
- **1125** Staufer erben die gesamten Hausgüter der Salier.
- **1138–1254** Regierungszeit der Staufer als deutsche Könige und Kaiser.
- **Um 1450** Johannes Gutenberg gründet in Mainz seine Druckerei.
- **1477** Gründung der Universität Mainz.
- **1521** Wormser Reichstag mit Verantwortung Martin Luthers. Wormser Edikt: Reichsacht über Luther.
- **1688/89** Pfälzischer Erbfolgekrieg: Einnahme von Mainz, Zerstörung von Worms und vielen anderen Orten.
- **1789** Französische Revolution. Auflösung der Bistümer Mainz u. Worms.
- **1792/93** Mainzer Republik.
- **1798–1815** Französische Verwaltung: Mainz Hauptstadt (1801–1814) des Departements Mont Tonnerre.
- **1803** Reichsdeputationshauptschluss: Säkularisation.
- **1816–1918** Großherzogtum Hessen-Darmstadt erhält die Provinz Rheinhessen mit der Hauptstadt Mainz.
- **Seit 1821** Mainz wieder Bistum.
- **1837/38** Beginn der organisierten Mainzer Fastnacht.
- **1918–1930** Französische Besatzung.
- **1939–1945** Im Zweiten Weltkrieg Zerstörung der Altstädte von Mainz (80 %) und Worms (65 %).
- **1946** Entstehung des Landes, ab 1949 Bundeslandes, Rheinland-Pfalz mit Mainz als Hauptstadt.
- **1961** Gründung des ZDF mit Sitz auf dem Lerchenberg in Mainz.
- **2000** Mainz feiert den 600. Geburtstag seines größten Sohnes, Johannes Gutenberg, Erfinder des Buchdrucks.
- **2005** Der amerikanische Präsident, George W. Bush, besucht Mainz.

€€€€ **City Hilton**, Münsterstr. 11, 55116 **Mainz**, Tel. 06131/2780, Fax 06131/2782099. Garage/Parkhaus. 127 Zimmer, 1 Suite.

€€€€ **Dorint Novotel**, Augustusstr. 6, 55131 **Mainz**, Tel. 06131/9540, Fax 06131/954100. Garage/Parkhaus, Sauna, Solarium, Whirlpool, Hallenbad. 216 Zimmer, 1 Suite.

€€€€/€€€ **Best Western Wein- & Parkhotel Nierstein**, An der Kaiserlinde 1, 55283 **Nierstein**, Tel. 06133/5080, Fax 06133/508333. Reitmöglichkeit, Sauna, Solarium, Hallenbad. 55 Zimmer.

Erholsam und ruhig gelegen

€€ **Am Schloss**, Amtsgasse 39, 55232 **Alzey**, Tel. 06731/94224, Fax 06731/942255. 25 Zimmer, 1 Appartement.

€€€ / €€ **Am Kurpark**, Kurhausstr. 10, 55583 **Bad Münster am Stein**, Tel. 06708/629000, Fax 6290029. Fahrradverleih, Solarium, Sauna, Restaurant. 28 Zimmer, 2 Suiten.

€€€€/€€€ **Maasberg Therme**, Eckweiler Landstraße, 55566 **Bad Sobernheim**, Tel. 06751/8760, Fax 06751/876201. Hallen- und Freibad, Sauna, Solarium, Reitmöglichkeit, Golf, Restaurant. 74 Zimmer, 7 Suiten.

€€€ **Gästehaus Kloster Eberbach**, Kloster Eberbach, 65346 **Eltville am Rhein**, Tel. 06723/9930, Fax 06723/993100. Fahrradverleih, Reitmöglichkeit, Sauna. 28 Zimmer.

€€€ **Sonnenberg Garni**, Friedrichstr. 65, 65343 **Eltville am Rhein**, Tel. 06123/60550, Fax 06123/61829. Lift, Parkplätze. 30 Zimmer, 1 Appartement.

€€ **Kaiserhof**, Hauptstr. 2, 55452 **Guldental**, Tel. 06707/94440, Fax 06707/944415. Restaurant (Di. u. Mi. geschlossen). 15 Zimmer.

€€€/€€ **Berghotel Kristall**, Wiesenstr. 50, 55743 **Idar-Oberstein**, Tel. 06781/96960, Fax 969649. Parkplatz, Hunde erlaubt. 27 Zimmer.

€€€/€€/€ **Zum Rehberg**, Mühlenweg 1, 56288 **Kastellaun**, Tel. 06762/1331, Fax 06762/2640. Solarium, Sauna. 40 Zimmer, 2 Appartements, 2 Suiten.

€€€ **Römerstein**, Draiser Str. 136 f, 55128 **Mainz/Bretzenheim**, Tel. 06131/936660, Fax 06131/9355335. Sauna, Solarium. 25 Zimmer.

€€ **Münsterer Hof**, 55424 **Münster-Sarmsheim**, Tel. 06721/4102324, Fax 06721/41025. 13 Zimmer, 2 Appartements.

€€€ **Villa Spiegelberg**, Hinter Saal 21, 55283 **Nierstein**, Tel. 06133/5145, Fax 06133/57432. Freibad. 11 Zimmer, 1 Suite.

Hier wird Sport groß geschrieben

€€€ **Ramada-Treff Hotel**, Industriestr. 13, 55232 **Alzey**, Tel. 06731/4030, Fax 06731/403106. Sauna, Solarium, 3 Tennisplätze, 4 Kegelbahnen, Reitmöglichkeit. 142 Zimmer.

€ **Haus Doris**, Nagelstr. 8, 54427 **Kell am See**,

Tel. 06589/7110, Fax 06589/1416. Sauna, Solarium, Fitnessraum, 2 Kegelbahnen, Fahrradverleih, Reitmöglichkeit. 16 Zimmer.
€€€ / €€ **Christian**, Chr.-Reichert-Str. 3–5, 55271 **Stadecken-Elsheim/Stadecken**, Tel. 06136/91650, Fax 06136/916555. Golfplatz (18 Loch), Fahrradverleih, Sauna, Hallenbad. 22 Zimmer, 1 Appartement, 1 Suite.

Preiswert und empfehlenswert

€ **Winzerhotel Garni**, Westhofer Str. 1, 55232 **Alzey/Dautenheim**, Tel. 06731/42112, Fax 06731/42680. 11 Zimmer.
€ **Hotel Gemündener Hof**, Hauptstr. 56, 55490 **Gemünden**, Tel. 06765/9190, www.gemuendener-hof.de. Zu dem Hotel gehört ein Restaurant mit günstiger regionaler Küche.
€ **Hotel Café Rieth**, Weierbacher Str. 13, 55743 **Idar-Oberstein**, Tel. 06784/1244, Fax 06784/9233. 10 Zimmer.
€ **Hotel Weingut Ellernhof**, Ellerngasse 5, 55237 **Lonsheim**, Tel. 06734/260, Fax 06734/8442. 13 Zimmer.
€ **Am Hechenberg Garni**, Am Schinnergraben 82, 55129 **Mainz/Hechtsheim**, Tel. 06131/250820, Fax 25082305. Solarium, Sauna. 68 Zimmer.
€€ / € **Bergschlösschen**, Nannhauser Str., 55469 **Simmern**, Tel. 06761/9000, Fax 06761/900100. Reitmöglichkeit. 22 Zimmer.
€€ **St. Gereon**, Carl-Zuckmayer-Platz 3, 55299 **Nackenheim**, Tel. 06135/92990, Fax 06135/929992. Fahrradverleih. 14 Zimmer.
€€ / € **Hotel Weinstube Lehn**, Neupforte 19, 55291 **Saulheim**, Tel. 06732/94100, Fax 941033. Golfplatz (18 Loch), Fitnessraum, Sauna, Solarium. 15 Zimmer, 2 Appartements.
€€ / € **Apart Hotel Blessing Garni**, Bahnhofstr. 39, 55576 **Sprendlingen**, Tel. 06701/93010, Fax 06701/930150. Reitmöglichkeit. 18 Zimmer.
€ **Haus Vogelsang**, Vogelsang 7, 54424 **Thalfang**, Tel. 06504/1088, Fax 06504/2332. 11 Zimmer.
€ **Pfeddersheimer Hof**, Zellertalstr. 35–39, 67551 **Worms/Pfeddersheim**, Tel. 06247/811, Fax 06247/1696. 4 Kegelbahnen. 18 Zimmer.
€€ / € **Central**, Kämmererstr. 5, 67547 **Worms**, Tel. 06241/64570, Fax 06241/27439. Garage/Parkhaus, Fahrradverleih. 19 Zimmer.
Von Varta-Experten geprüft; weitere Adressen im ›Varta-Führer‹ (im Buchhandel erhältlich).

JUGENDHERBERGEN

Allgemein: DJH Service GmbH, Bismarckstr. 8, 32756 Detmold, Tel. 05231/74010, Fax 05231/740174, service@djh.de
JH Bad Kreuznach, Auf dem Kuhberg, 55543 Bad Kreuznach, Tel. 0671/62855, Fax 0671/75351, bad-kreuznach@diejugendherbergen.de
JH Hermeskeil, Adolf-Kolping-Str. 4, 54411 Hermeskeil, Tel. 06503/3097, Fax 06503/6146, hermeskeil@diejugendherbergen.de
JH Idar-Oberstein, Alte Treibe 23, 55743 Idar-Oberstein, Tel. 06781/24366, Fax 06781/26712, idar-oberstein@diejugendherbergen.de
Waldjugendherberge Sargenroth (Waldprogramme), Kirchweg 1, 55471 Sargenroth, Tel. 06761/2500, Fax 06761/6378

LUFTFAHRT

Ballonfahrten über Rheinhessen erfreuen sich großer Beliebtheit: **Alzey**, Herbert Engler (Tel.

KULTUR

Römer, Germanen, Juden, Griechen, Kelten, Graubündner, Schweden, Franzosen, Kosaken, Schwarzwälder, Holländer, Ungarn, Panduren, Wiener und Böhmer – das sind die Völker, so General Harras in Carl Zuckmayers ›Des Teufels General‹, aus denen sich der natürliche Adel am Rhein zusammensetzt. Das Multikulti der Jetzt-Zeit ist dagegen ein Waisenknabe. So viele Völker hinterließen ihre Spuren. Die Römer bauten Militärlager, Kastelle und Civitas. Kaufleute ließen sich nieder, Alzey, Bingen, Mainz (Mogontiacum), Worms (Vangionum) entstanden, und auf dem Land errichteten die Veteranen große steinerne Villen. Wer auf Römerspuren wandeln möchte, findet sie von Mainz bis Trier.
Die germanische Zuwanderung aus Nord- und Osteuropa machte der Römer-Herrlichkeit ein Ende. Neue Ethnien, neue Herrscher, neue Bauten. Praktisch jeder Ort zwischen Rheinhessen und Nahe kann auf eine fränkische Vergangenheit zurückblicken. Karl der Große soll ein Rheinhesse gewesen sein und gern in seiner Ingelheimer Pfalz oder im Wormser Königshof gewohnt haben. Seine Frau Fastrada wurde in Mainz begraben. Im Wormser Dom ruhen Mitglieder der salischen Königsfamilie in einer Gruft. Auch

Flügelaltar aus Idar-Obersteins Felsenkirche

die staufischen Kaiser favorisierten diese beiden Städte. Die salischen Kirchen und Dome wurden von ihnen erneuert. In Worms gibt es heute noch fünf Kirchen und eine Synagoge der Romanik. Mainz wurde zu einem Zentrum der gotischen Kirchenbaukunst. Allen Verwüstungen – vom Dreißigjährigen Krieg bis zum Zweiten Weltkrieg – zum Trotz: Die bedeutendsten Sakralbauten wurden immer wiederhergestellt.
Mainz und Worms waren die größten Reichsstädte der Region, entwickelten sich allerdings unterschiedlich. Während Worms bis zur Französischen Revolution Reichsstadt blieb mit dem Bischof als kaiserlichem Stadtherrn, verlor Mainz diese Stadtrechte, und der Erzbischof und Kurfürst übernahm die Herrschaft. Die Architektur spiegelt die Geschichte. Da sind in beiden Städten die großartigen Dombauten. Da sind in Mainz das Kurfürstliche Schloss, einer der letzten Bauten der deutschen Renaissance, das Neue Zeughaus des großen Barockarchitekten Maximilian von Welsch, in dem jetzt die rheinland-pfälzische Regierung sitzt, und die barocken Adelshöfe und Kirchen.
Auf dem Lande triumphierte das Fachwerk, heute freigelegt und liebevoll gepflegt. Für ›Romantik‹ sorgen auch die mittelalterlichen Burgen, die man bald auf jeder Hügelkuppe erblickt. Und das trotz ihres ruinösen Daseins seit der Zerstörung durch den Nachbarn Frankreich. Natürlich ist auch hier die Zeit nicht stehen geblieben. Horst Antes' (*1936) Kopfskulpturen vorm Sendezentrum des ZDF, Marc Chagalls (1887–1985) Fenster in der Mainzer Stephanskirche setzten namhafte moderne Akzente. Doch im Vergleich mit den Schätzen des Mittelalters verblassen alle späteren Epochen.

Hier trifft man sich zum Schoppen – Weinlokale und Winzerhöfe öffnen überall weit ihre Tore

06733/1324); Peter Klaes (Tel. 06731/6256). **Harxheim**, Freiballon-Sportschule (Tel. 06138/6922) u. Calovini Ballonfahrten (Tel. 06138/980053); **Worms**, Albatros Air Ballonfahrten (Tel. 06241/592080).

Segel- und Motorflug: Aero-Club **Oppenheim-Guntersblum** (Tel. 06144/966910); Luftsportverein **Worms**, mit Flugschule (Tel. 06241/23454).

Rundflüge: Über Rheinhessen, Nahe- u. Rheintal. Start in Worms u. auf Wunsch. R. Burckhardt, **Guntersblum**, Tel. 06249/8201.

RADWANDERN

Fahrradverleih: **Bad Kreuznach** (Tel. 0671/47509); **Bad Münster am Stein** (Tel. 06708/4093); **Bingen** (Tel. 06721/922110); **Gau-Algesheim** (Tel. 06725/2575); **Emmelshausen** (Tourist-Info, Tel. 06747/93220); **Gimbsheim** (06249/5943); **Guntersblum** (Tel. 06249/2594); **Kastellaun** (Tourist-Info, Tel. 06762/40320); **Mainz** (City-Port am Hauptbahnhof, Tel. 06131/238620); **Mainz** (ADFC Kreisverband, www.adfc-rlp.de); **Morbach** (Tel. 06533/5139); **Norheim** (Tel. 0671/25497); **Worms** (Tel. 06241/24208).

Radwandern: **Radweg Nahe** am Fluss entlang; **Radweg Nahe–Hunsrück–Mosel** durch den Hunsrück bei Rhaunen und Morbach; per **Fahrrad-Draisine** ab Staudernheim durchs Glantal (März–Okt.); **Schinderhannes-Radweg** (38 km) von Emmelshausen bis Simmern; **Von Winzerhof zu Winzerhof** im Naheland und in Rheinhessen; Rad fahren in der **Rheinhessischen Toskana**; **Selztalradweg** (51 km) von Alzey bis Ingelheim. **Veloroute Rhein**, rheinbegleitend von der Quelle bis Mainz.

Infos: Karten, Broschüren, Pauschalangebote bei den regionalen Touristik-Unternehmen.

Bahn: In Rheinland-Pfalz können Fahrräder am Wochenende kostenfrei mitgenommen werden, werktags ab 9.00 Uhr.

RESTAURANTS (AUSWAHL)

Preise

€€€€	Hauptgericht über 30 €
€€€	Hauptgericht 20–30 €
€€	Hauptgericht 10–20 €
€	Hauptgericht unter 10 €

Speisen auf hohem Niveau

€€€ **Metzlers Gasthof**, Hauptstr. 69, 55546 **Hackenheim**, Tel. 0671/65312, Fax 0671/65310. Ruhetage: Mo. und Di. Geöffnet Mi.–So. 18.00–22.00, So. auch 12.00–14.00 Uhr. 45 Sitzplätze, Terrasse.

€€€€ / €€€ **Restaurant im Hotel Kronenschlösschen**, Rheinallee, **Eltville am Rhein/Hattenheim**, Tel. 06723/640, Fax 06723/7663. Geöffnet nur abends, So., Fei. auch mittags. 36 Sitzplätze.

€€€ **Johann Lafer's Stromburg**, Le Val d'Or Relais & Châteaux, Michael-Obentraut-Straße, 55442 **Stromberg**, Tel. 06724/93100, Fax 06724/931090. Geöffnet Mo.–Fr. ab 19.00, Sa., So., Fei. ab 12.00 Uhr. 45 Sitzplätze, Terrasse.

Hier stimmt alles! Ambiente, Küche und Preis-/Leistungsverhältnis

€€ **Langendorf's Historischer Landgasthof Zur Traube**, Sobernheimer Str. 2, 55566 **Bad Sobernheim/Meddersheim**, Tel. 06751/950382, Fax 06751/950220. Ruhetage: Di.-Abend, Mi., 40 Sitzplätze, Terrasse.

€€ **Andante im Atrium Hotel**, Flugplatzstr. 44, 55126 **Mainz/Finthen**, Tel. 06131/4910, Fax 06131/491128. Geöffnet nur abends. Ruhetag: So. 40 Sitzplätze, Gartenlokal.

€€ **Turmstube in Johann Lafer's Stromburg**, Michael-Obentraut-Straße, 55442 **Stromberg**, Tel. 06724/93100, Fax 06724/931090. 45 Sitzplätze, Terrasse.

Restaurants mit regionalem und preiswertem Speisenangebot

€€ / € **Zum Wein-Zinken**, Klosterstr. 9, 55232 **Alzey**, Tel. 06731/8871, Fax 06731/549961. Ruhetag: Do. 70 Sitzplätze, Terrasse.

€€ **Dienheimer Hof**, Mannheimer Str. 6, 55545 **Bad Kreuznach**, Tel. 0671/9200811, Fax 0671/9200811. Geöffnet nur abends, Sa. auch mittags. Ruhetag: So. 40 Sitzplätze, Terrasse.

€€ **Restaurant im Landhotel Fetzer**, Gaulsheimer Str. 19, 55218 **Ingelheim/Sporkenheim**, Tel. 06725/30130, Fax 06725/301326. Ruhetag: Mo. 120 Sitzplätze, Terrasse.

€€ / € **Bierkutsche im Favorite Parkhotel**, Karl-Weiser-Str. 1, 55131 **Mainz**, Tel. 06131/80150, Fax 06131/8015420. Ab 16.00 Uhr.

€ **Landhaus Mörsdorf**, Nahestr. 41, 66625 **Nohfelden/Neunkirchen**, Tel. 06852/90120, Fax 06852/901290. 100 Sitzplätze, Terrasse.

€ **Landhaus Dietz**, Hauptstr. 14, 55595 **Wallhausen**, Tel. 06706/94110, Fax 06706/941115. Geöffnet 11.00–14.30, 17.00–23.00, Sa. 11.00 bis 23.00, So. 11.00–23.30 Uhr. Ruhetag: Mo. 80 Sitzplätze, Biergarten.

Cafés

Café Konditorei Wonsyld, Am Salinenplatz, 55543 **Bad Kreuznach**, Tel. 0671/31867, Fax 0671/27990. Mo.–Fr. 8.00–18.00, Sa. 8.00 bis 17.00 Uhr. 100 Sitzplätze, Terrasse.

Café Konditorei Köppel, Kapuzinerstr. 12, 55411 **Bingen**, Tel. 06721/14770, Fax 06721/12751. 80 Sitzplätze.

Cafe Rieth, Weierbacher Str. 13, 55743 **Idar-Oberstein**, Tel. 06784/1244, Fax 06784/9233.

Dom-Café, Markt 12–16, 55116 **Mainz**, Tel. 06131/222365, Fax 06131/6696249. Geöffnet 8.30–18.30 Uhr. Ruhetag: So. 140 Sitzplätze, Terrasse.

Café Schmerker, Wilhelm-Leuschner-Str. 9, 67547 **Worms**, Tel. 06241/23814, Fax 06241/911047. Geöffnet Mo.–Fr. 8.00–18.30, Sa. 7.45–18.00, So. 13.30–18.00 Uhr.

Weinstuben

€€€ / €€ **Gebert's Weinstuben**, Frauenlobstr. 94, 55118 **Mainz**, Tel. 06131/611619, Fax 06131/611662. Ruhetage: Sa., So.-Mittag. 48 Sitzplätze, Gartenlokal.

€€ **Weinstube in Jordan's Landhotel St. Gereon**, Carl-Zuckmayer-Platz 3, 55299 **Nackenheim**, Tel. 06135/92990, Fax 06135/929992. Ruhetage: Di., Mi. 40 Sitzplätze, Gartenlokal.

Von Varta-Experten geprüft; weitere Adressen im ›Varta-Führer‹ (im Buchhandel erhältlich).

WIRTSCHAFT

Bingen am Rhein – zwei Wirtschaftsfaktoren auf einen Blick: Weinanbau und Rheinschifffahrt

Der Hunsrück, diese grüne Landschaft der Wälder, Felder und Wiesen mit über 350 Dörfern, ist von der Ansiedlung größerer Städte verschont geblieben. Verkehrsmäßig durch die Hunsrückhöhenstraße und die B 50 erschlossen, ist die Region durch den Flughafen Hahn seit einigen Jahren auch an den Flugverkehr angeschlossen. Wirtschaftlich hat sich die Kreisstadt Simmern zu einem Mittelzentrum entwickelt. Insgesamt aber gibt in der rund 120 km langen und 30–40 km schmalen Mittelgebirgslandschaft die Landwirtschaft den Ton an.

Südöstlich schließt sich das Naheland an. Man rechnet es räumlich etwa mit 30 km Breite von den beiden Ufern aus. Vor allem die Landschaft an der mittleren und unteren Nahe unterscheidet sich deutlich: Hier prägen die Betriebe des Edelstein- und Schmuckhandwerks das Land, obwohl die einstigen Achatvorkommen erloschen sind und die früheren Bergwerke nur noch dem Tourismus dienen. Und hier wächst Wein, haben sich an Heilquellen bedeutende Kurorte entwickelt.

Rheinhessen, links des Rheins unterhalb des Rheinwinkels, ist mit 23 500 ha Rebfläche das größte deutsche Weinbaugebiet. Neben den Rieslingen von den renommierten Lagen am Rhein und Rheinhessens Traditionssorte Silvaner sind auch die Burgunder oder die Rotweinsorten von großem Interesse. Tüpfelchen auf dem i sind die Winzersekte.

Traditionsreicher Wirtschaftsstandort am Rhein ist Mainz, mit Containerhafen der Binnenschifffahrt. Als westliches Tor zur Zukunftsregion Rhein-Main, Deutschlands mit 4,8 Mio. Einwohnern drittgrößtem Wirtschaftsraum, hat es Anteil an einer der leistungsstärksten Regionen Europas. Mainz' Unternehmensstruktur zeichnet sich durch Branchenvielfalt aus. Ein Schwerpunkt sind die Medien, zahlreiche Dienstleister und Zulieferer dieser Branche schließen sich an. Steigend ist auch die Zahl der High-Tech-Unternehmen. Schott-Glas, IBM, Novo Norisk agieren von Mainz aus weltweit.

SCHIFFFAHRT

Fähren: Bingen–Rüdesheim, Autos/Pers. (Tel. 06721/14140). Ingelheim–Oestrich-Winkel, Autos/Pers. (Tel. 06722/2976). Nierstein–Kornsand, Autos/Pers. (06133/5195). Hamm–Gernsheim, Autos/Pers. (Tel. 06158/915777). Guntersblum–Kühkopf (nur So., Fei. Ostern–Okt.), Fahrr./Pers. (Tel. 06249/8731). Budenheim–Walluf (nur Sommer So., Fei.), Fahrr./Pers. (Tel. 06139/378).

Rheinschifffahrt: Fahrten in die Region Rheinhessen, zu den Weinorten des Mittelrheins, zur Loreley sowie Rundfahrten: Bingen-Rüdesheimer Fähr- und Schifffahrtsgesellschaft e. G., Bingen (Tel. 06721/14140); KD Köln-Düsseldorfer (0221/20 88 318; info@k-d.com).

WANDERN

Hunsrück: Über 1500 km Wanderwege umfasst das Netz des **Hunsrückvereins** (H): **Hunsrückhöhenweg** (166 km) von Boppard über Kastellaun, Hahnenbachtal, Wildenburger Kopf und Erbeskopf bis Bernkastel-Kues. **Ausoniuswanderweg** auf der Trasse der Römerstraße von Bingen nach Trier (Römerkopf). Im Hochwald **Osburger Hochwaldweg** (OH), **Schwarzwälder Hochwaldweg** (SH), **Großer Rundweg** (GR). Im vorderen Hunsrück durch Ehrbachklamm, Baybachtal, Lutzbachtal, Wohnrother Tal zur Mosel.

Naheland: Nahehöhenweg (N) vom Bostalsee nach Bingen (146 km). **Sirona-Weg** (seit Sommer 2002): Wandern auf keltisch-römischen Spuren. Weitere Wandergebiete sind Obere Nahe, Deutsche Edelsteinstraße, Hunsrück Schiefer- und Burgenstraße.

Besonderheiten: Barfuß-Wanderpfade in Bad Sobernheim und Kell am See.

Rheinhessen: Wanderwegenetze in der **Rheinhessischen Schweiz** und im **Binger Wald**. **Rheinterrassen-Wanderweg** zwischen Bodenheim und Mettenheim. **Rheinhöhenweg** im linksrheinischen Abschnitt Bingen–Alsheim. **Jakobs-Pilgerpfad** in Rheinhessen (13,6 km) zwischen Dittelsheim-Heßloch, Bechtheim, Westhofen, Osthofen, Worms-Abenheim und Worms-Herrnsheim.

Besonderheit: Naturerlebnispfad im NABU-Zentrum Rheinauen in Bingen-Gaulsheim (Mo.–Fr. 9.00–16.00 Uhr), informativ auch ohne Führer dank der Schautafeln.

Infos: Karten, Broschüren, Pauschalangebote bei den regionalen Touristik-Unternehmen (siehe Auskunft).

Wetterdaten

Bad Kreuznach	Tages-temp. max.	Nacht-temp. min.	Tage mit Nieder-schlag	Sonnen-stunden pro Tag
Januar	4°	−1°	10	2
Februar	6°	−1°	9	3
März	11°	2°	8	4
April	15°	5°	8	5
Mai	20°	9°	10	7
Juni	23°	12°	10	7
Juli	25°	14°	9	7
August	24°	13°	8	7
September	21°	10°	8	6
Oktober	15°	6°	8	4
November	8°	3°	9	2
Dezember	5°	0°	10	2

Durchschnittswerte

Register

Register

(Unterstrichene Ziffern verweisen auf Abbildungen, **fette** Ziffern auf Straßenkarten bzw. Stadtpläne)

Zeichenerklärung

Autoatlas

- Autobahn mit Anschlussstelle und Anschlussnummer (Alzey, 55)
- Autobahn in Bau - geplant
- Rasthaus mit Übernachtung - Kleinraststätte - Tankstelle
- Autobahnähnliche Schnellstraße - in Bau
- Fernverkehrsstraße
- Hauptverbindungsstr. - Verbindungsstr.
- Nebenstraßen
- Fahrweg - Fußweg
- Straßentunnel
- Straßennummerierung (E45, 8, 14)
- Straße für Fahrzeuge gesperrt
- Hauptbahn - Bahnhof - Tunnel
- Entfernungen in km an Autobahnen
- Entfernungen in km an Straßen
- Besonders sehenswerter Ort (WORMS)
- Sehenswerter Ort (Meisenheim)
- Besonders sehenswertes kult. Objekt (Dt.Edelsteinm)
- Sehenswertes kulturelles Objekt (Schloß Dhaun)
- Besonders sehenswertes lands. Objekt (Loreley)
- Sehenswertes landschaftliches Objekt (Ehrbachklamm)
- Wo-gibt-es-was? - Hinweis
- Aussichtspunkte
- Landschaftlich schöne Strecke
- Touristenstraße (Moselweinstraße)
- Museumseisenbahn
- Nationalpark, Naturpark - Sperrgebiet
- Regionalflh. - Flugplatz - Segelflugplatz
- Kirche, Kapelle - Kirchenruine
- Kloster - Klosterruine
- Schloss, Burg - Burgruine
- Turm - Funk-, Fernsehturm
- Denkmal - Soldatenfriedhof - Höhle
- Ruinenstätte - Sonstiges Naturobjekt
- Hotel, Gasthaus, Berghütte - Golfplatz
- Campingplatz - Jugendherberge
- Sonstige bedeutende Objekte
- Schwimmbad, Erlebnisbad - Heilbad
- Landes-, - Regierungs-, Kreisgrenze

Stadtplan

- Schnellstraße - Bundesstraße
- Hauptstraße - Sonstige Straßen
- Einbahnstraße - Fußgängerzone
- Hauptbahn mit Bahnhof - S-Bahn Station
- Straßenbahn - Buslinie mit Endstelle
- Parkplatz - Parkhaus - Feuerwehr - Post
- Polizei - Krankenhaus - Denkmal
- Turm - Kirche
- Wo-gibt-es-was? - Hinweis

Impressum

2. aktualisierte Auflage 2006
Verlag: HB Verlag, Marco-Polo-Zentrum, 73760 Ostfildern, Postfach 3151, 73751 Ostfildern, Tel. 0711/4502-0, Fax 0711/4502-135, www.hb-verlag.de, info@bildatlas.de
Geschäftsführer: Dr. Thomas Brinkmann, Dr. Stephanie Mair-Huydts

Chefredaktion und Programmleitung: Rainer Eisenschmid, Birgit Borowski
Aktualisierung und Redaktion 2006: Konzeption & Redaktion, Leinfelden-Echterdingen
Text und Bildrecherche: Dr. Hans Ludwig Schulte, Trier
Exklusiv-Fotografie: Jürgen Wackenhut, Bad Herrenalb
Titelbild: Ebernburg. Blick von der Burg auf den gleichnamigen Ort
Zusätzliches Fotomaterial: HB Verlag/Fischer S. 3, 60 (Mitte links); Amt für Öffentlichkeitsarbeit Stadt Mainz S. 79
Grafische Konzeption und Layout: CYCLUS · Visuelle Kommunikation, Stuttgart
Kartografie: © MAIRDUMONT GmbH & Co. KG, Ostfildern
HB Bildatlas Fotoservice: HB Verlag, Marco-Polo-Zentrum, 73760 Ostfildern, Tel. 0711/4502-266, Fax 0711/4502-1006, a.nebel@mairdumont.com

Für die Richtigkeit der in diesem HB Bildatlas angegebenen Daten – Adressen, Öffnungszeiten, Telefonnummern usw. – kann der Verlag keine Garantie übernehmen. Nachdruck, auch auszugsweise, nur mit vorheriger Genehmigung des Verlages. Erscheinungsweise: monatlich.

Anzeigenvermarktung: MAIRDUMONT MEDIA, Tel. 0711/4502-333, Fax 0711/4502-1012, media@mairdumont.com, http://media.mairdumont.com
Vertrieb Zeitschriftenhandel: PARTNER Medienservices GmbH, Postfach 810420, 70521 Stuttgart, Tel. 0711/7252-227, Fax 0711/7252-310
Vertrieb Abonnement: Zenit Pressevertrieb GmbH, Postfach 810640, 70523 Stuttgart, Tel. 0711/7252-265, Fax 0711/7252-333, hbverlag@zenit-presse.de
Vertrieb Buchhandel und Einzelhefte: MAIRDUMONT GmbH & Co. KG, Marco-Polo-Zentrum, 73760 Ostfildern, Tel. 0711/4502-0, Fax 0711/4502-340
Reproduktionen: Otterbach Medien KG GmbH & Co., Rastatt
Druck und buchbinderische Verarbeitung: Echter Druck GmbH, Würzburg. Printed in Germany

Lieferbare Ausgaben

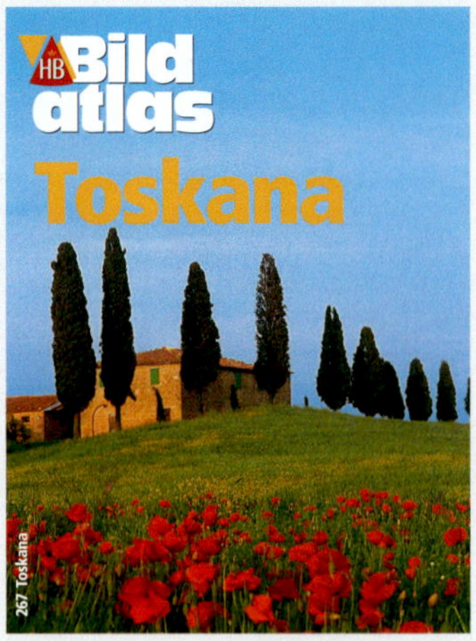

HB Bildatlas

Deutschland

227 Allgäu
198 Altmühltal
204 Bayerischer Wald
235 Berlin
235 Berlin (englische Ausgabe)
289 Bodensee
111 Brandenburg
178 Chiemgau · Berchtesgadener Land
274 Dresden · Sächsische Schweiz
256 Eifel · Aachen
260 Elbe und Weser · Bremen
171 Erzgebirge · Vogtland · Chemnitz
190 Fichtelgebirge · Frankenwald · Coburger Land
242 Frankfurt · Taunus · Rheingau
269 Fränkische Schweiz
253 Hamburg
253 Hamburg (englische Ausgabe)
73 Hannover · Braunschweiger Land
263 Harz
188 Hessisches Bergland
234 Hunsrück · Naheland · Rheinhessen
233 Leipzig · Halle · Magdeburg
209 Lüneburger Heide
285 Mainfranken
179 Mecklenburgische Seen
240 Mecklenburg-Vorpommern
151 Mittelfranken
249 Mosel
165 München
255 Münsterland · Münster
281 Nordseeküste Schleswig-Holstein
196 Oberbayern zwischen Lech und Inn
271 Odenwald · Bergstraße
219 Osnabrücker Land · Emsland · Oldenburger Münsterland · Grafschaft Bentheim
155 Ostbayern zwischen Donau und Inn
211 Ostfriesland · Oldenburger Land
290 Ostseeküste Mecklenburg-Vorpommern
277 Ostseeküste Schleswig-Holstein
215 Pfalz
194 Potsdam · Havelland
243 Rhein zwischen Köln und Mainz
288 Rhön
208 Rügen · Usedom · Hiddensee
161 Saarland
258 Sachsen
286 Sachsen-Anhalt
268 Sauerland
200 Schwäbische Alb
266 Schwarzwald · Norden
214 Spreewald · Lausitz
247 Südlicher Schwarzwald
224 Sylt · Amrum · Föhr
182 Tauber und Neckar · Stuttgart · Heilbronn · Rothenburg
173 Teutoburger Wald · Ostwestfalen
261 Thüringen
141 Thüringer Wald
202 Trier
237 Weserbergland

Benelux

246 Amsterdam
187 Flandern · Brüssel
62 Luxemburg
275 Niederlande

Frankreich

160 Atlantikküste
278 Bretagne
217 Burgund
225 Côte d'Azur · Monaco
222 Elsass
221 Korsika
132 Normandie
229 Paris
192 Provence
184 Südfrankreich · Languedoc-Roussillon

Griechenland

193 Athen · Peloponnes
140 Griechische Inseln: Kykladen
189 Korfu · Ionische Inseln
228 Kreta
104 Rhodos · Dodekanes
166 Zypern

Grossbritannien · Irland

158 Irland
197 Kanalinseln
175 London
231 Nordengland
144 Schottland
241 Südengland
216 Wales

Italien · Malta · Kroatien

195 Adriaküste · Emilia-Romagna
239 Gardasee · Trentino
156 Golf von Neapel · Kampanien
265 Italienische Riviera
282 Italien · Norden
238 Kroatische Adriaküste
254 Malta
210 Mittelitalien: Marken · Umbrien · Abruzzen
270 Oberitalienische Seen · Mailand
230 Piemont · Aostatal
226 Rom
264 Sardinien
232 Sizilien
201 Süditalien: Apulien · Basilikata
207 Südtirol
267 Toskana
181 Venedig · Venetien · Friaul · Triest

Mittel- und Osteuropa

292 Baltikum
164 Böhmen
280 Bulgarien
283 Danzig · Ostsee · Masuren
248 Prag
291 St. Petersburg
244 Südpolen · Breslau · Krakau

Österreich

162 Burgenland
293 Kärnten
199 Niederösterreich · Wachau
218 Oberösterreich
220 Salzburger Land · Salzkammergut · Salzburg
174 Tirol
206 Wien

Schweiz

154 Basel · Bern · Aargau · Solothurn
172 Tessin
191 Westschweiz

Spanien · Portugal

236 Algarve · Lissabon
223 Andalusien
287 Barcelona
150 Costa Blanca
262 Costa Brava
176 Gran Canaria · Fuerteventura · Lanzarote
213 Ibiza · Formentera · Menorca
259 Kanarische Inseln
245 Lanzarote
212 Mallorca
203 Nordportugal
205 Nordspanien
177 Teneriffa · La Palma · Gomera · Hierro

Skandinavien

183 Bornholm
279 Dänemark
186 Jütland
180 Nordnorwegen
276 Norwegen · Süden
169 Südfinnland · Helsinki
250 Südschweden · Stockholm

Türkei

252 Türkische Mittelmeerküste

Außereuropäische Ziele

273 Australien Osten · Sydney
284 China
251 Kanadas Westen
272 New York
257 Südafrika

HB Bildatlas Special

Afrika · Naher Osten

67 Ägypten
64 Arabien: V. A. Emirate · Oman · Kuwait · Qatar · Bahrain
52 Indischer Ozean: Madagaskar · Mauritius · La Réunion · Seychellen · Komoren
72 Marokko
61 Namibia
71 Tunesien · Libyen

Australien · Ozeanien

45 Australien: Westen
18 Neuseeland
38 Südsee

Europa

54 Madeira · Azoren · Kapverden

Süd- und Südostasien · Ferner Osten

12 Bali · Lombok · Java
10 Hongkong
53 Indien: Rajasthan · Delhi · Agra
39 Indien: Südindien
43 Peking
69 Philippinen
34 Sri Lanka und Malediven
49 Südkorea
70 Thailand
36 Vietnam

Süd- und Mittelamerika · Karibik

44 Argentinien
57 Chile
55 Dominikanische Republik · Haiti
63 Ecuador und Galápagos-Inseln
60 Jamaika
65 Kleine Antillen: Antigua · Guadeloupe · Martinique · Barbados u. a.
33 Kuba
73 Mexiko
51 Peru

USA · Kanada

58 Alaska
62 Florida
2 Kalifornien
32 Kanadas Osten
68 Las Vegas · Grand Canyon
46 Neuengland · Boston
56 Nordwesten: Washington · Oregon
66 Route 66
26 Südwesten: Nevada · Utah · Arizona · New Mexico
59 Texas

HB Bildatlas Sonderausgaben

24 Ski-Special Alpen 2007
25 Alpen Special 2006

Überall im Pressefachhandel, Buchhandel und Bahnhofsbuchhandel erhältlich oder zu bestellen unter
Telefon 0711/4502-0,
Fax 0711/4502-340

PRESSE

PRESSE & BUCH IM BAHNHOF

Hunsrück

HUNSRÜCK

Buchungskatalog mit Unterkünften und Pauschalprogrammen
zentraler Buchungsservice der Region unter www.hunsruecktouristik.de

Hunsrück-Touristik GmbH
Hunsrückhaus
54411 Deuselbach
Tel. 06504/95 04 60
Fax 06504/95 04 31
info@hunsruecktouristik.de

Heimat ist... Hunsrück

Erholungs- und Gesundheitszentrum Thalfang

54424 Thalfang · Talstraße 3 · Tel. 0 65 04 / 80 88

· **Schwimmen** bei angenehmen 32°C
· **Relaxen** im Bewegungsbecken mit Massagedüsen, Sprudelbank und Bodensprudel
· **Sauna und Dampfbad** etwas für die **Gesundheit** tun
· **Mutter-Kind-Bereich**
· **Therapiezentrum und Bistro**

www.ute24.com · info@ute24.com

Hunsrückhaus
WINTERSPORT- NATUR UND UMWELTBILDUNGSSTÄTTE
Erbeskopf

· Exkursionen u. Erlebnistage · Tast-, Fühl- und Naturkundepfad
· Abenteuer- und Waldspielplatz mit Klettergarten
· Ausstellung zu Natur- und Umweltthemen
· Naturerlebnis-Veranstaltung für Gruppen
· Solarmobil, Umweltlabor mit Stereolupen
· Außenmessfeld zur Luftdatenerfassung
· Wintersportmöglichkeiten
· Wanderungen in herrlicher Natur rund um den Erbeskopf

Hunsrückhaus am Erbeskopf · 54411 Deuselbach
Telefon (0 65 04) / 7 78 · www.hunsrueckhaus.de

Ausreichende Wohnmobilstellplätze in der Nähe vorhanden

Freizeitbad Rheinböllen
Das Erlebnisbad im Hunsrück
Auf der Bell 25, 55494 Rheinböllen

neu - modernisiert - erweitert

- Neue Black-Hole Großwasserrutsche (Länge: 68,5 m)
- 25 m Schwimmbecken
- Außenbecken mit Durchschwimmschleuse
- große Liegewiese mit Beachballfeld
- Ruhezone mit Flächensolarium
- neue Saunalandschaft mit Finnischer Sauna, Tepidarium, Römischem Dampfbad und Tauchbad
- neue Ganzkörper-Sonnenbänke
- eine vergrößerte Cafeteria
- Wellnessangebote und vieles mehr!

30°C

WIR FREUEN UNS AUF IHREN BESUCH!

www.freizeitbad-rheinboellen.de

MORBACH im Hunsrück ganz oben

Morbach – ein Paradies für Entdecker...

Geschichte · Freizeit · Kultur · Erholung · Shoppen

Tourist-Information Morbach • Unterer Markt 1 • 54497 Morbach
06533/71-117 • touristinfo@morbach.de • www.morbach.de

Landhaus Am Kirschbaum

Landhaus Am Kirschbaum
★★★
Am Kirschbaum 55
54497 Morbach
Tel. 0 65 33/93 95 0
Fax 0 65 33/93 95 22

Dicht am Waldrand, absolut ruhig und abseits vom Verkehr in einem romantischen Seitental des Luftkurortes Morbach gelegen, finden Sie das LANDHAUS AM KIRSCHBAUM. Das familiengeführte Hotel der gehobenen ★★★ Kategorie bietet Platz für 45 Personen. Entspannung finden Sie in Sauna, Solarium oder in unserem großzügigen Wellnessbereich, in dem Sie sich mit Massagen, Kosmetik, Bädern, Thalasso und Ayurveda Anwendungen verwöhnen lassen können. Zum Abschluss des Tages servieren wir leichte regionale Gerichte sowie vegetarische Vollwertkost, sodass keine Wünsche mehr unerfüllt bleiben.

info@landhausamkirschbaum.de
www.landhausamkirschbaum.de

ANERKANNTER ERHOLUNGSORT

Gemünden – Perle des Hunsrück

Anerkannter Luftkurort, Geologisches Eldorado • Zentraler Drehort der Heimat Trilogie von Edgar Reitz • Gutausgebaute Wanderwege & Radwegenetz , Fahrradverleih & Service Station, Fluss-,Wald- und Geologischerlehrpfad, Schiefer Erlebnistouren mit Möglichkeiten zum Fossilien sammeln auf verschiedenen Schieferhalden, Geführte Wanderrungen mit dem Original Geminner Nachtwächter, Reichhaltiges Kunst und Kultur Programm, div.Fitness , Spa- und Wellnessangebote , beheiztes Freibad in ruhiger Lage , Wassertretstelle, div.Sportmöglichkeiten im Ort, für Sport.- und Freizeitfischer Angelmöglichkeiten an Fluss und Teich, Möglichkeiten zur Pferde, Unterbringung für Urlaub mit dem Pferd, Ideal als Standort für Ausflüge an Rhein, Mosel und Nahe, Entfernung zu allen drei Flüssen 35 Km. • Sehr gute Unterkünfte in Hotels, Pensionen, Ferienwohnungen und Appartements • Spezial Angebote für Clubs ,Vereine, Gruppen, Busunternehmen und Reiseveranstalter, wir planen Ihren Urlaub. • Der Spezialist für Ihre Hunsrück Tour.

Hotel *** **Superior Gemündener Hof**

Moderne Fremdenzimmer, gehobene Gutbürgerliche Küche, Sauna, Solarium
INFO TEL. 06765-9190 • www.gemuendener-hof.de oder www.gemuenden.de • Email gemuendener-hof@t.online.de

Badische Kellerey
Gasthaus - Hotel - Biergarten

... ein schönes Stück Hunsrück!

Junge deutsche Gastronomie auf historischem Boden. Lernen Sie Land und Leute kennen - per Rad, per Pedes oder mit Ihrem PKW – wir sind die richtige Adresse!

Schloßstr. 19 · 56288 Kastellaun . **Tel** 0 67 62 40 19 -0
Fax 40 19 -29 . www.badische-kellerey.de

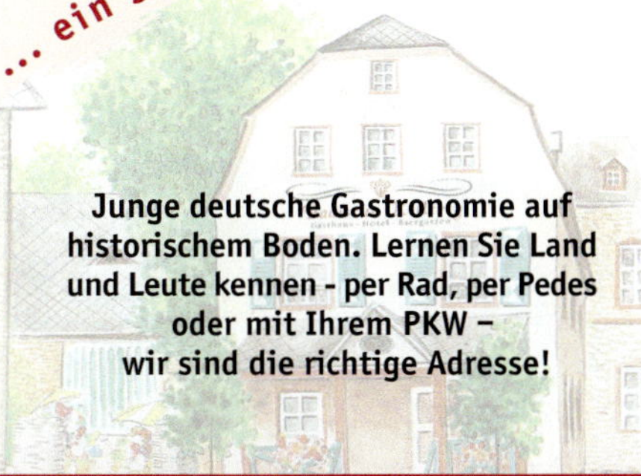

Radfahren und Wandern
in der Region Kirchberg/Hunsrück und im neuen Naturpark Soonwald-Nahe

Unbeschwertes Wandern ohne Gepäck die schönsten Winkel der Region erleben. Die Orte Gemünden, Kirchberg und Sohren sind ideale Ausgangspunkte für Wanderungen auf unseren drei Themenwanderwegen:
Sponheimer Weg, Ausoniusstraße und Keltenweg.
Oder planen Sie eine Tour durch den neuen Naturpark Soonwald-Nahe. Regelmäßig geführte Biker- und Wandertouren.

Auskunft:
Tourist-Information
Marktplatz 5, 55481 Kirchberg
Telefon: 06763/910144
touristik@kirchberg-hunsrueck.de
www.kirchberg-hunsrueck.de

Region Kirchberg

Rheinhessen